VIELLEICHT
WAR VIELES
DOCH GANZ
ANDERS...?

Max Denzinger

VIELLEICHT
WAR VIELES
DOCH GANZ
ANDERS...?

Bibliografische Information der Deutschen Nationalbibliothek:
Die Deutsche Nationalbibliothek verzeichnet diese Publikation in der Deutschen Nationalbibliografie; detaillierte bibliografische Daten sind im Internet über http://dnb.dnb.de abrufbar.

Herstellung und Verlag: BoD – Books on Demand, Norderstedt

ISBN: 9783752888423

VIELLEICHT
WAR VIELES
DOCH GANZ
ANDERS...?

Was da ganz anders gewesen sein kann und soll und warum das sein kann, das erfahren sie, verehrte Leserinnen und Leser, in diesem BUCH.

Verraten möchte ich Ihnen aber, es ist kein Liebesroman und auch kein streng wissenschaftliches Buch, das für den normalen Bürger nur schwer zu lesen und zu verstehen ist. Es geht um Dinge, die für jeden einzelnen Menschen von großer Bedeutung sind und mit denen er sich, ob er will oder nicht, auseinandersetzen muss, weil sie zu seinem Leben gehören und es bestimmen.

Es ist doch so, je mehr ich über eine Sache weiß, um so besser kann ich mich in meinem Dasein zurechtfinden.

Diese Arbeit ist der Versuch eines alten Mannes, der mit seinem derzeitigen Wissen und Können ein Gesamtbild, eine Gesamtschau über das Werden des Alls und des Menschen aufzeigen will. Ich weiß, dass vieles auch ganz anders hat sein können.

Ich möchte dies alles in einer verständlichen Sprache darstellen.

Meine Absicht ist, viele Informationen zu geben und bei den Menschen das Bedürfnis zum Nachdenken zu wecken.

Ich lade sie ein, verehrte Leserinnen und Leser, mich bei dieser Reise in die Vergangenheit zu begleiten.
Nach diesem Vorwort kann ich mit meiner Arbeit beginnen.

Sehen wir uns erst einmal an, wie die Wissenschaftler diese ganze Entstehung des Alls und der Lebewesen sehen.

Niemand kennt den Ort und die Zeit, wo und wie ALLES begonnen hat. Wir wissen nicht, ob es vor unserem Universum, in dem wir leben, nicht schon ein anderes gegeben hat.

Unsere Wissenschaftler vermuten, dass unser Universum vor etwa 13 Milliarden Jahren durch den sogenannten URKNALL eines vorhandenen Gebildes entstand, in dem schon alle Voraussetzungen enthalten sein mussten, aus denen die verschiedenen Gebilde und Lebewesen im Laufe der Zeit wurden und sich entwickeln konnten.

Man vermutet, dass vielleicht von einem früheren Universum etwas übriggeblieben war, und das ist explodiert, weil der Druck und die Temperatur in diesem Gebilde zu groß geworden waren. Und nach der Explosion entstand ein feuriges, sonnenartiges Gebilde, aus dem in der Folgezeit Teile und Trümmer herausgeschleudert wurden und aus denen entstanden neue Sterne. Es dauerte etwa 380 000 Jahre, bis die ersten Sterne für unser derzeitiges Universum entstanden waren.

Die weitere Entstehung der Gebilde und Lebewesen folgten nach den Gesetzen der „VERÄNDERUNG", der „BEWEGUNG" und der „Evolution", die im Universum herrschen und bestimmen, was im Kosmos entstehen darf und kann. Es entsteht nichts Bleibendes, nichts Beständiges, nichts endgültig Fertiges. Altes vergeht, aus den Trümmern des ALTEN entsteht Neues. Es gibt keinen Stillstand, alles ist immer in Bewegung. Deswegen kann niemand eine für immer gültige Aussage machen. Es kann alles auch ganz anders gewesen sein.

Wir Menschen wissen heute noch nicht genau, wer der Macher oder Schöpfer der Welt ist und woher die Materie des Uratoms kommt, aus der alles geworden ist.

Die Wissenschaftler müssen sich in vielen Bereichen mit Vermutungen und Annahmen begnügen.

Wir wissen nicht, wie groß das Universum ist. Wir haben nur erkannt, dass es sich auch heute noch mit ungeheurer Geschwindigkeit in alle Richtungen ausdehnt und wächst. Wir wissen nicht, wie lange das so weitergeht.

Wir wissen nicht, ob es noch ähnliche Planeten wie unsere Erde gibt, auf denen auch Leben in irgend einer Form entstanden sein kann. Dieses Leben kann ganz anders aussehen als das auf der Erde.

Es hat keinen Sinn, alle Vermutungen der Wissenschaftler aufzuzeigen, sie können morgen schon nicht mehr richtig sein.

Ich will lieber aufzeigen, welche Voraussetzungen notwendig waren, damit Leben und Gebilde im Universum in irgendeiner Form entstehen konnten.

Wir wissen, dass es viele Milliarden Sterne im All gibt. Viele haben sich in Galaxien zusammengefunden, andere fliegen noch umher und gefährden bereits bestehende Systeme und Planeten. Wichtig war es, dass Systeme wurden, in denen eine Sonne steht, und die hat Planeten eingefangen, die um sie ihre Bahn ziehen mussten und immer noch müssen. So entstand auch unser Sonnensystem. Und jetzt kommt es darauf an, in welcher Entfernung von der Sonne die Planeten ihre Bahn ziehen.

Sind sie zu nah an der Sonne, verhindern die Sonnenstrahlen, dass sich Leben entwickeln kann. Sind sie zu weit entfernt, dann reicht die Wärme nicht aus, die notwendig für die Entstehung von Leben ist.

Es gibt also bei allen Sonnensystemen eine Zone, in der die Voraussetzung besteht, dass Leben entstehen kann.

Ich will dies am Beispiel unseres Sonnensystems erklären.

Die Planeten Merkur und Venus sind zu nah an der Sonne. Die Sonnenstrahlen sind zu heiß, so dass kein Wasser vorhanden ist. Also gibt es kein Leben auf diesen Planeten, denn Wasser wird für die Entstehung von Leben gebraucht.

Die Planeten Erde und vielleicht noch der Mars liegen in der Zone, in der die Sonnenstrahlen (die Wärme) ausreichen, um Leben werden zu lassen. Alle anderen Planeten sind zu weit weg, da reicht die Wärme der Sonne nicht aus.

Unsere Erde ist also ein Vorzugsplanet, weil auf ihm die drei notwendigen Grundelemente vorhanden sind, die für die Entstehung von Leben unbedingt notwendig sind. Es sind dies: Wärme, Wasser und ein fruchtbarer Boden, in dem die Bausteine (Elemente) enthalten sind.

Beim Mars vermutet man, dass schon einmal große Flüsse da waren, denn seine Oberfläche weist tiefe Einschnitte auf (neueste Erkenntnisse: In seiner Kruste gibt es noch Wasser).

Was sollten wir über unsere Erde wissen?

Unsere Erde ist vor etwa 3 - 4 Milliarden Jahren entstanden. Wahrscheinlich hat die Sonne wieder einmal einen Teil von sich ausgespuckt oder ein anderer Körper wurde von ihr angezogen und schlug auf ihr ein: Und so wurden Teile von ihr herausgeschleudert, und aus diesen Teilen entstand unsere Erde (so könnte es gewesen sein).

Diese Teile flogen Jahrmillionen als flüssiger, gasförmiger Körper um die Sonne, ohne dass etwas geschah. In dieser Zeit glich die Erde einem Kochtopf, in den man alles warf.

Das heißt, unsere Erde wurde ständig bombardiert von anderen kleinen Gesteinsbrocken, die verschmolzen und daraus wurde die fruchtbare Erde.

Nun begann der Abkühlungsprozess und es entstanden langsam drei Schalen: Die ERDKRUSTE, der ERDMANTEL und der ERDKERN. Die Erdkruste ist etwa 80 Kilometer dick. Ursprünglich war die Erdmasse um den Äquator zu finden, brach dann in einzelne Platten auseinander, und diese Platten (Kontinente wurden daraus) bewegen sich heute noch etwa 5 Zentimeter im Jahr auseinander und schieben sich untereinander. Das verursacht Erdbeben und Vulkanausbrüche.

Diese Vulkanausbrüche waren vor 250 Millionen Jahren in Sibirien besonders stark und dauerten eine Million Jahre an. Dadurch wurde aus dem Erdinnern verschiedenes Material an die Oberfläche gebracht.

In der ERDKRUSTE finden wir fruchtbare und unfruchtbare Gebiete und verschiedene Rohstoffe (Erdöl, Erdgas und Kohle).

Der ERDMANTEL ist etwa 2 800 Meter dick, macht 2/3 der Erdmasse aus. Wir finden Eisen und Magnesium und andere Metalle.

Der Erdkern ist immer noch flüssig und beunruhigt uns Menschen mit seiner Aktivität, die unsere Erde heute noch verändert. In den Meeren entstehen Inseln, die unter sich ungeheure Berge sind. Von Kontinenten brechen Stücke ab und verschwinden im Meer. Wir finden also auf der Erde alles vor, was für die Entstehung von Leben nötig ist: WÄRME, WASSER und die Bausteine, aus denen die Lebewesen bestehen.

Es sind also die Kräfte der Natur und der Evolution, die das Leben entstehen lassen. Das ist wissenschaftlich bewiesen (die Kirche ist da anderer Meinung).

Diese Entwicklung kann natürlich auch gestört werden durch Klimaschwankungen, Eiszeiten, Katastrophen, Zusammenstöße mit anderen Sternen.

Heute suchen die Wissenschaftler nach ähnlichen Planeten wie unsere Erde, denn nur auf solchen kann Leben entstehen. Man darf annehmen, dass es noch viele solcher Planeten im All gibt, denn es gibt noch viele Sonnensysteme im Universum. So kann es wirklich sein, dass auf anderen Planeten auch Leben in irgend einer Form entstanden ist.

Wir haben ja erst einen kleinen Teil des Universums erforscht. Wir können zwar mit unseren „Riesenaugen" (den Teleskopen) schon tief in das Universum hineinschauen, vieles erkennen und daraus Ekenntnisse gewinnen, aber wir haben keinen Überblick über das ganze Universum. Wir können die Entfernungen nicht mehr in Kilometern ausdrücken, brauchen dazu Lichtjahre als Maßeinheit.

Der Lichtstrahl legt in der Sekunde 300 000 Kilometer zurück. Für ein Lichtjahr kommen dann 9 469 800 000 000 Kilometer zusammen.

Die Wissenschaftler können schon Sterne erforschen, die einige Lichtjahre entfernt sind.

Das sind unvorstellbare Entfernungen .

Es gibt also noch viel zu tun für unsere Forscher.

Die ersten Menschen wurden schon sehr früh neugierig. Und weil wir besondere Fähigkeiten und Begabungen haben, konnten sie bald Fragen an das Universum stellen und versuchen, auf diese Fragen Antworten zu bekommen.

Warum können nur wir das?

Wir sind im Universum erst spät als ein BESONDERES LEBEWESEN dazugekommen. Und mit unserem Kommen wurde es im Universum erst interessant.

Wir sind natürlich nicht für das ganze All von Bedeutung, sondern nur für den Bereich, der für uns wichtig ist, und das ist unser Sonnensystem und besonders unsere Erde. Das ist unsere Welt.

Die ersten Menschen stellten fest, dass es in unserem Universum schon Sterne, Systeme, Sonnen, Lebewesen (Pflanzen und Tiere) gab, ehe wir Menschen dazukamen. Es war aber noch niemand da, der sich für das, was schon da war, interessierte.

Das änderte sich nun schlagartig, als der Mensch da war, denn er konnte neugierig werden und forschen.

Ich möchte nun versuchen, unser WERDEN und unsere Entwicklung aus der Sicht der Wissenschaftler in einer verständlichen Sprache aufzuzeigen und zu erklären.

Das Werden der Menschen nach den Erkenntnissen der Wissenschaft:

Die Wissenschaftler haben durch ihre Forschungsarbeit viele neue Erkenntnisse gewonnen. Und so darf man annehmen, dass die Vorstellungen der Wissenschaftler über das Werden des Menschen der Wahrheit sehr nahe kommen.

Da es damals nur Pflanzen und Tiere gab, konnte man annehmen, dass irgend ein Tier mit unserem Werden zu tun hat. Und da stellten sie fest, dass es Tiere gibt, die fast den gleichen Bauplan haben wie wir Menschen.

Es sind dies besonders Fische, Ratten und der Schimpanse. Dessen Bauplan gleicht dem des Menschen zu 98 %. Der Schimpanse ist unser nächster Verwandter. Also mussten der Schimpanse und der Mensch einen gemeinsamen URAHN haben. Und dieser soll vor etwa 6 ½ Millionen Jahren gelebt haben. Seine Nachkommen waren erst Schimpansen, doch dann hat die Evolution ein paar Bausteine ausgetauscht (man nennt das AUFSPALTUNG), und daraus wurde ein ganz besonderes Lebewesen, nämlich der MENSCH.

Wir stammen nicht vom Affen ab, sondern der Schimpanse wurde benutzt, um uns Menschen werden zu lassen.

Dieses neue Lebewesen sah natürlich erst aus wie ein Schimpanse, lief auf vier Beinen und benahm sich auch so wie der Affe. Aber in einer langen Entwicklung wurde aus dem affenähnlichen Wesen ein „hominides" (menschenähnliches) Lebewesen.

Unser eigentliches Menschsein begann erst vor etwa 100 000 Jahren. Vorher lebten verschiedene menschenartige Populationen, von denen einige ausstarben oder sich mit anderen paarten, so dass am Ende nur zwei übrig blieben, der „Neandertaler" und der „HOMO SAPIENS". Der Neandertaler überlebte zwar die Eiszeiten, doch dann verschwand auch er plötzlich. So blieb am Ende nur der Homo Sapiens übrig.

Beide konnten schon Werkzeuge aus Stein herstellen, hatten das Feuer entdeckt und benutzten es sinnvoll. Sie hatten auch schon eine primitive Lautsprache entwickelt, mit der sie sich verständigen konnten.

Jetzt war der Zeitpunkt gekommen, wo man dem besonderen Lebewesen den Namen

„MENSCH"

geben konnte.

Und so begann erst vor etwa 100 000 Jahren unser eigentliches MENSCHSEIN.

Was ist nun das BESONDERE an uns Menschen?

Wir sind ausgestattet mit besonderen Fähigkeiten und Begabungen, und diese unterscheiden uns von den Tieren und allen anderen Lebewesen. Wir sind also den anderen Lebewesen überlegen.

Wir Menschen sind zur Zeit das intelligenteste Lebewesen auf der Erde.

Das heißt nicht, dass nur wir Menschen intelligent sind. Es gibt viele Tiere, die auch schon intelligente Handlungen vollbringen (Affen, Elefanten, Delphine, Krähen, Elstern).

Für die ersten Menschen war das alles neu, was sie da sahen. Und sie mussten sich erst im All durchsetzen und behaupten und anpassen.

Wie kamen sie in ihrem Dasein auf der Erde zurecht?

Hauptnahrung waren Tiere und Knollen und Beeren. Sie waren also Sammler und Jäger. Den Tieren mussten sie folgen, wenn diese ihren Futterplatz wechselten.

Zuflucht vor Feinden (großen Tieren) und den Unbilden des Wetters suchten sie in Höhlen oder unter überhängenden Felsen. Es muss anfangs ein hartes Leben gewesen sein.

Erst als sie aus Stein Spitzen für ihre Speere und Pfeile herstellten, als sie aus Steinsplittern Schaber und Äxte fertigten, wurde die Jagd leichter. Jetzt konnten sie die grossen Tiere zerlegen, die Haut und das Fell vom Fleisch trennen. Aus den Häuten fertigten sie ihre ersten Kleider.

Als sie das Feuer entdeckten, wurde es in den Höhlen angenehmer, und auch die Nahrung konnte bekömmlicher zubereitet werden.

Dies alles wurde besser, als sie bei ihren Wanderungen an Flussläufe kamen. Wasser und fruchtbarer Boden veranlassten sie, zu bleiben und sesshaft zu werden.

Und damit begann ein neuer, besserer Abschnitt in ihrem Leben. Sie konnten sich stabilere Wohnungen bauen, machten wilde Tiere zu Haustieren und betrieben Ackerbau und Viehzucht. So konnten sie sich selbst versorgen. Ihre Existenz war gesichert (später entstanden in Ägypten am NIL und in Mesopotamien am Euphrat und Tigris Völker, Städte und Kulturen).

Und nun begannen diese Menschen sich für ihre Umwelt zu interessieren, wurden neugierig und beobachteten alle Vorgänge genau.

Kluge Männer wollten bald wissen, WER die Welt gemacht hat und WIE sie aussah.

Die Beantwortung der Frage nach dem Macher, dem Architekten der Welt , veränderte ihr ganzes Leben.

Bisher waren die Menschen zufrieden, wenn sie einigermaßen ordentlich leben konnten. Sie hatten noch keine feste Vorstellung von Gott und einer Botschaft, verehrten aber schon unsichtbare Gottheiten.

Wenn sie Hilfe brauchten, streckten sie ihre Hände empor und riefen:

„Ihr unbekannten Kräfte, warum helft ihr uns nicht?"

Die Menschen erlebten damals auch schon Gewitter mit Blitzen und Donner. Sie merkten, dass die Erde bebte und zitterte, dass Berge in die Luft flogen, Rauchwolken die Sonne verhüllten, dass sich glühende Lava die Hänge herunter wälzte und alles zerstörte, was im Wege stand. Es mag sein, dass sie erlebten, dass vom Himmel eine solche Menge Wasser kam, dass Fluten entstanden die zerstörten, was sie sich aufgebaut hatten.

Das alles war für diese Menschen zwar Wirklichkeit, doch konnten sie die Verursacher nicht erkennen. Vielleicht wollte sie jemand bestrafen?

Das mussten außerirdische Kräfte sein, man sah sie nicht, spürte aber ihre Kraft und Macht .

Sie hatten Angst, flehten diese Kräfte an, sie zu verschonen. Mit diesen Kräften musste man sich gut stellen.

In ihrer Hilflosigkeit nahmen die Menschen Verbindung mit diesen Kräften auf, stellten eine Beziehung her. Am besten war es, wenn man sie zu sich auf die Erde holte.

So holten sie sie und gaben ihnen den Namen
           GOTT.

In Gott sahen die Menschen den Verursacher dieser Ereignisse, in Gott sahen sie den Macher, den Schöpfer der Welt. Nur seine Kräfte, sein Können konnten die Welt erschaffen haben. Mit diesem GOTT wollten sie leben.

Mit diesem Gott beginnt für die Menschheit eine neue Zeit.

Diese Beziehung der Menschen zu einem Gott nannten sie Religion.

Wir dürfen nicht vergessen, dass es Menschen waren, die den außerirdischen Kräften den Namen Gott gaben und die Religionen geschaffen haben.

In Gott sah man das einzige durch sich selbst existierende, absolut vollkommene Wesen, von dem das All und alles was in ihm ist, abhängt. Gott war für die damaligen Menschen allwissend, allweise, allgegenwertig und barmherzig. Und so entstand ein Gott, der alles wusste, alles konnte. Nur er konnte die Welt erschaffen haben. Damit war für diese damaligen Menschen die Frage: „Wer hat die Welt erschaffen?", beantwortet.

Sie wollten nicht wissen, warum, weshalb und zu welchem Zweck er die Welt erschaffen hat.

Dieser Gott hat auch die Menschen erschaffen, sagte ihnen in seiner Botschaft, wie sie leben sollen, zeigte ihnen den richtigen Weg und das Ziel ihres Lebens.

Gott wurde zum Mittelpunkt in ihrem Leben. Ohne Gott ging nichts mehr. Die Menschen waren glücklich und zufrieden, sie hatten in Gott das gefunden, wonach sie schon immer gesucht hatten.

So ist das Werden der Welt auch im Schöpfungsbericht der christlichen Religion dargestellt .

Wir können in der Bibel lesen:

„Gott hat durch einen Kraft- und Willensakt aus dem Nichts in sechs Tagen die Welt erschaffen".

Es konnte nicht ausbleiben, dass bald aus dem einen Gott viele wurden. Schuld daran war die Tatsache, dass verschiedene Kulturen und Völker entstanden waren. Und jedes Volk holte sich einen Gott und gab ihm einen eigenen Namen.

So entstanden im Laufe der Zeit immer wieder neue Völker, Religionen und neue Götter, die alle wieder verschwunden sind und durch neue ersetzt wurden.

Heute müssen wir noch mit 6 grossen Weltreligionen leben. Es sind drei Ostreligionen (Hinduismus, Buddhismus und Chinesischer

Universismus) und drei westliche (Judentum, Christentum und Islam).

Wir haben in den Religionen keinen einheitlichen Namen für Gott mehr.

Bei den westlichen Religionen heißt der Gott der Juden JAHWE, bei den Christen sind es drei Götter, der Vater, der Sohn und der Heilige Geist, die aber doch eine Einheit bilden, die Moslem nennen ihn ALLAH.

Die Ostreligionen sehen ihren Gott in einem EWIGEN WELTGE-SETZ, das alles selber regelt.

Da ich ein neugieriger Mensch bin, wollte ich auch wissen, wie dieser Gott im Laufe der Geschichte von den klügsten Menschen der Erde, von den Philosophen und Theologen erkannt und gesehen wurde.

Ich habe diese klugen Köpfe befragt. Hier einige Aussagen.

Da gab es schon im 5. Jahrhundert v. Chr. einen griechischen Mathematiker und Philosophen mit Namen PYTHAGORAS (570 - 510 vor Chr.).

Er erkannte, dass es über den Menschen etwas geben muss, das stärker ist als der Mensch. Er spricht schon von einem „Göttlichen", einem „Größten", das es gibt. Mathematik war für ihn im Dienste der Gottheit zu sehen. Der Mensch wollte sich durch sie dem Göttlichen nähern.

Im 5. Jahrhundert vor Chr. gab es mehrere Philosophen, die Aussagen über Gott machten.

Da waren zwei Philosophen, die schon Gedanken hatten, die das Christentum gerne übernahm.
Der Grieche SOKRATES suchte nach der Wahrheit, will, dass die Menschen nachdenken.
Er sagt: Der Mensch ist nicht allein das Maß aller Dinge, es gibt ein Maß über ihm.
Es muss etwas geben, was Bestand hat, was Bedeutung und einen Sinn und Zweck hat. Wir streben falsche Werte an (Macht, Geld, Ansehen, Wohlstand). Das ist das falsche Leben.
ARISTOTELES war der zweite griechische Philosoph, der schon Gedanken hatte, die das Christentum gerne übernahm.
Sokrates und Aristoteles werden später als Christen vor Christus bezeichnet.

Das waren Erkenntnisse von Menschen, die vor Christus lebten.
Jetzt kommt die Zeit, die mit dem Christentum begann.

Mit dem Heiligen Augustinus beginnen nun die Meinungen der Kirchenväter und Theologen wirksam zu werden. Die Theologen hatten damals auch eine lange Ausbildung in der Philosophie erhalten, waren also Philosophen und Theologen in einer Person. Eine neue Zeit bricht an.

Durch Theologen wurde eine christliche Lehre erstellt.

Der Heilige Augustinus (354 - 439):
Er spricht vom „GOTTESSTAAT" .

Dieser soll sich über die ganze Erde ausbreiten. Die Kirche ist die irdische Erscheinung dieses Staates und wird von einem Stellvertreter Gottes geleitet. Sie ist der weltlichen Macht übergeordnet. Unser Tun hängt von Gott ab. Die Botschaft Gottes dient als Grundlage für unser Denken und Handeln.
Zu Gott kann nur kommen, wer sein Wollen dem Wollen Gottes unterordnet. Der Glaube verlangt eine völlige Abwendung von sich selbst und vom Diesseits und eine totale Hinwendung zum Jenseits.
Seine Gnadenlehre wurde zum Kernpunkt der christlichen Lehre.

Auf diesen Gedanken baut das Christentum seine Lehre auf.

Im 11. Jahrhundert wird Gott so erkannt:

Anselm von CANTERBURY sieht ihn so : Gott ist das, worüber hinaus nichts Größeres gedacht werden kann. Unsere Existenz ist nur sinnvoll, wenn man Gottes Existenz annimmt. Da wir ein Teilchen von ihm sind, muss er existieren. Gott ist das Licht. Es gibt etwas, was über unser Denken hinausgeht.

Im 12. Jahrhundert wird er so gesehen:

Albertus Magnus und Thomas von Aquin (beide sind Dominikaner mit einem langen Philosophiestudium) erkennen ihn so: Beide stellen die Götterfrage. Sie meinen, dass wir Gott überhaupt nicht erkennen können. Es sind nur Annäherungen möglich. Das voll-

kommenste und höchste Gute nennen wir Gott. Es muss einen ersten Beweger geben, und den nennen wir Gott. Es geht um die Notwendigkeit und Möglichkeit für ein SEIN Gottes.
Für das Christentum waren ihre Gedanken höchst willkommen.

Im 13. Jahrhundert wird durch
Johannes Duns SCOTUS und Wilhelm von OCKHAM ein neuer Weg eingeschlagen (via moderna). Sie unterscheiden zwischen dem, was man wissen kann und dem, was man glauben sollte, weil man es nicht wissen kann. Trennung zwischen Wissenschaft und Theologie. Gegenstand der Erkenntnis kann nicht Gott sein, erkennbar ist nur die Welt und das Sein. Die Liebe zu Gott ist ein Willensakt. Gott ist der Einzige, der Dinge aus dem Nichts schaffen kann. Gott ist mehr, als nur ein Sein. Er ist allwissend, allweise, allmächtig. Er ist die absolute Macht, kann tun, was er will. Es ist eine Gnadentheologie, die hier angedeutet wird.

Nicolaus CUSANUS ist der Vertreter des15. Jahrhunderts.
Gott ist für ihn mit nichts Anderem vergleichbar. Es gibt keine inhaltliche Bestimmbarkeit Gottes. Er ist nicht definierbar noch vergleichbar, er ist entrückt und verhüllt (das ist neu).
Gott ist jenseits des Erkennbaren. Gott ist der Schöpfer aller Dinge. Gott ist das letzte Große. Es muss etwas geben, dass die Welt an irgend einer Stelle wieder zusammenkommt, und das kann nur Gott sein. Gott ist das Allergrößte und das Allerkleinste.

Für das 17. Jahrhundert und der Folgezeit sagt uns unser größter Philosoph Immanuel KANT, wie er Gott sieht (das ist die Zeit der Aufklärung).
Er sagt : Einen Existenzbeweis Gottes kann es nicht geben. Wenn es um Gott geht, steht nicht seine Existenz, sondern die IDEE einer Ursache, die am Anfang steht, als WELTENBAUER im Vordergrund. Wir wollen wissen, wer die Welt erschaffen hat.
Es gibt niemand, der Gott beweisen kann, aber auch niemand, der ihn nicht beweisen kann.
Wir brauchen aber ein moralisches Ideal außerhalb von uns selbst, in dem wir einen Gott als moralisch höchste Instanz annehmen.
Wir können also Gott nur als ein ewiges SEIN, als eine IDEE erkennen. Kant gibt uns den Rat, so zu leben, als gäbe es einen Gott.

Was erkennen wir daraus?
Selbst die Philosophen und Theologen, die Fachleute also, erkennen nur einzelne Kräfte dieses Gottes. Man kann ihn nicht in einer einheitlichen Definition beschreiben. Wir werden ihn wohl nie in seiner ganzen Größe sehen und erkennen können und deshalb geben wir ihm immer wieder einen anderen Namen. Was immer gleich bleibt sind seine Kräfte, die alles werden ließen.
Gott wird also immer ein Rätsel bleiben. Wir können nur versuchen, ihn mit unserem derzeitigen Wissen und Können zu definieren, uns ein Bild von ihm zu machen. Er hat sich auch selbst nicht vorgestellt und gesagt: Schaut, so bin ich. Also muss jeder einzelne Mensch selbst versuchen, ihn zu erkennen und sich ein Bild von ihm machen.

Da er unsichtbar ist, erkennen wir ihn nicht allein dadurch, dass wir ihm einen Namen gegeben haben. Wir erkennen ihn nur an dem, was er geschaffen hat, was er alles gemacht hat und werden ließ. Und das erkennen wir in seinen Geschöpfen und seiner ganzen Schöpfung und besonders auch in uns.

Nun aber wieder zurück zu den ersten Menschen. Wie ging es bei ihnen damals weiter?
Sie hatten in Gott den Schöpfer der Welt erkannt. Sie wollten aber auch wissen, „WIE" die Welt aussah.
Wieder waren es kluge Männer der einzelnen Kulturen, die sich eigene Weltbilder ausdachten.
Gemeinsam war, dass die Erde im Mittelpunkt der Welt stand.
Sie teilten die Welt in drei EBENEN ein.
Oben war ein Gewölbe, da waren die Sterne befestigt und die Sonne zog jeden Tag von Ost nach West ihre Bahn. Nachts kehrt sie auf dem „OKEANUS" nach Osten zurück.
In der Mitte war eine Scheibe. Auf der lebten Pflanzen, Tiere und die Menschen. Unten befand sich der Ort für die Toten, die Unterwelt.
Diese Vorstellungen hat ein ägyptischer Astronom 150 n. Chr. in seinem Weltbild zusammengefasst. Der Mann hieß PTOLEMÄUS.
Dieses erste Weltbild ist unter dem Namen „ PTOLEMÄISCHES WELTBILD" in die Geschichte eingegangen. Die ERDE war der Mittelpunkt der Welt.

THALES von NILET hat schon im 6. Jahrhundert vor Chr. erkannt: Das Himmelsgewölbe ist eine Vollkugel. Die Erde ist Mittelpunkt, die auf dem Meer schwimmt.

PYTHAGORAS erkennt die Kugelgestalt der Erde, sie ruht im Mittelpunkt im Universum. Die Weltachse geht mitten durch die Erde.

ARISTARCH von SANOS (300 v. Chr.) sagt: SONNE und Fixsterne stehen fest, die Erde umkreist die Sonne und dreht sich um die eigene Achse. Bei ihm steht schon die Sonne im Mittelpunkt der Welt.

Er wurde nicht ernst genommen und seine Erkenntnisse wurden vergessen.

Die damaligen Menschen hatten nun einen Gott, der alles erschaffen hatte und eine Vorstellung von der Welt, in der die Erde im Mittelpunkt stand.

Mit diesen beiden lebten sie bis ins Mittelalter hinein.

Die einzelnen Völker schufen sich eigne Kulturen und Götter.

Und Gott hatte den Menschen auch eine Botschaft gegeben.

Die Völker waren sich einig, dass diese Botschaft ihnen als Hilfe zugedacht war. Aber die Völker und ihre Religionen verstanden und sahen ihren Gott und seine Botschaft so, dass sie mit seiner Hilfe für ihre Völker eine gewisse Ordnung für das Zusammenleben schaffen konnten.

Und so entstanden viele Religionen und Götter, und seine Botschaft wurde unterschiedlich offenbart.

Viele Völker, Religionen und ihre Götter sind wieder verschwunden.

Die Bedeutung der Götter.

Die wird uns am besten am griechischen Gottesstaat erkennbar.
In der Vorstellung der Griechen herrschte und regierte Vater ZEUS
und seine Helfer vom Olymp aus kraftvoll über das ganze Men-
schengeschlecht und die Natur.
Vater Zeus gebietet den Sterblichen und Unsterblichen, über Land
und Meer.
Seine Frau HERA war Beschützerin der Ehe, Pallas Athene war für
die Weisheit zuständig, Aphrodite war die Göttin der Schönheit
und Liebe.
Ares war der Gott des Krieges, Dionyseus der Gott der Freude und
des Weinbaues und Gesangs. Poseidon war der Gott des Meeres,
Hades der Gott der Unterwelt und Herr im Totenreich.
Die Götter hatten das Sagen in ihrem Bereich.
Die göttlichen Weissagungen holten sich die Griechen in ORAKEL-
STÄTTEN. Das Orakel von DELPHI wurde bei jeder wichtigen Sache
befragt.

Fakt ist, dass bei allen Völkern ihr Gott oder ihre Götter das Leben
der Menschen stark beeinflussten und ihr TUN und LASSEN bestimmten. Man hat zwar verschiedene Namen für GOTT, aber seine Kraft und Botschaft wird von den Religionen und Menschen
benutzt, um gewisse ZIELE und ZWECKE zu erreichten.

Die Ostreligionen verehren keine bestimmten Götter, haben sich
aber Hilfsgötter geschaffen, die die Funktion eines Gottes erfüllen.

Beim Hinduismus erfüllt BRAHMA die Funktion des Weltenbaumeisters. VISHNA das Prinzip der Erhaltung der Welt. SHIVA ist der Gnädige, Schöpferische.

Wie gebrauchen und benutzen nun einzelne Herrscher, einzelne Menschen im Laufe der Geschichte diesen Gott? Wie erkennen und sehen sie ihn?

Da gab es Kaiser in China, Ägypten und Rom, die in einen Gott schlüpften und als GOTTKAISER regierten (Pharaonen, Kaiser Konstantin in Konstantinopel). Sie fühlten sich selbst als Gott und regieren danach, um ihre Ziele zu verwirklichen.
Andere regierten im NAMEN GOTTES und bestimmten die Religion.
Es waren immer einzelne Menschen, die die ganze Macht anstrebten, beanspruchten, um IHRE Ziele zu verwirklichen.
GROSSE REICHE wurden geschaffen, andere Völker wurden vernichtet. Die Menschen der eroberten Länder wurden entweder getötet oder versklavt und als rechtlose Arbeitskräfte missbraucht.
Das Schlimme in dieser ganzen Zeit war, dass die meisten Herrscher ihren Gott, seine göttliche Kraft dazu benutzten, ihre Macht, ihr Ansehen zu vergrößern und zwar mit KRIEGEN und GEWALT.
Und das alles mit Hilfe oder im Auftrag Gottes. Es kam nicht darauf an, ob ihr Tun auch religiös, menschlich und gut war. Die Macht war wichtig, denn in ihr sahen die Herrscher ja Gottes Willen. Gewalt galt als nichts Böses, sie wurde einfach benutzt, um etwas zu erreichen.

Gewalt war ein legitimes und erlaubtes Mittel für sie. Je größer ihre Macht war, umso größer war ihr Ansehen.
Man hatte zwar einen Gott und seine Kraft, verstand und erkannte ihn und seine Botschaft noch nicht richtig.
Man wusste noch nicht, was gut und böse bedeutet.

Aber in dieser Zeit entstanden auch schon die Grundlagen für ein friedliches Zusammenleben.
In Griechenland und im Römischen Reich gelang es allmählich auch den Adeligen, den reichen Bürgern, den Bauern und Handwerkern und   auch den Menschen, die nichts besaßen, mitzuregieren. Eine neue Regierungsform entstand: DIE DEMOKRATIE (Volksherrschaft).
Das waren doch auch schon gute Ansätze für Menschenrechte und Gerechtigkeit.

Bis ins 16. Jahrhundert bestimmten die Religionen, die Kirche und der   Papst weitgehend das Leben der Menschen. Die Päpste hatten ja mit dem Staat zusammen für ihre Völker eine Ordnung geschaffen. Dadurch war ihr Einfluss, ihr Ansehen und ihre Macht gewachsen. Sie wirkten in der Gesetzgebung mit. So kam christliches Gedankengut in die Politik.
Die Kirche und der Papst wurden gebraucht und sie benutzten diese Tatsache, um ihre Macht auch in weltlichen Dingen auszubauen. Aus der friedlichen Zusammenarbeit wurde bald ein Machtkampf. So waren zum Beispiel die Fürstbischöfe Anlass zum Streit. Fürstbischöfe hatten Land, Soldaten und Geld, mussten aber zwei

Herren dienen. Der Kaiser brauchte ihr Geld und ihre Soldaten für seine Kriege, der Papst wollte das Ernennungsrecht für die Nachfolge, das bisher der Kaiser hatte.

Zwischen 1100 und 1400 war der Höhepunkt , die Blütezeit der Kirche. Ihre Macht und ihr Einfluss war so groß, dass die Päpste GREGOR VII. und INNOZENZ III. auch die weltliche Macht beanspruchten.

Da sich die Päpste nur noch um Machtzuwachs und um weltliche Dinge interessierten und kümmerten, verweltlichte die Kirche total. Die Päpste lebten mit Frauen zusammen, zeugten Kinder, feierten liederliche Feste und vergaßen ihre eigentliche Aufgabe, die darin besteht, uns Menschen die Botschaft Gottes richtig und verständlich zu offenbaren.

Die Kirche hat auch Kriege gegen andere Religionen geführt und dabei Gewalt und Grausamkeiten verübt (Kreuzzüge, Judenhass, Inquisition).

Das alles war nicht im Sinne Gottes. Der Höhepunkt des Verfalls war der Ablass. Mit Geld konnte man sich den Himmel erkaufen. Und auch die INQUISITION, dieses kirchliche Gericht, sorgte dafür, dass die Menschen nicht aus Überzeugung, sondern aus Angst in ihrer Religion verblieben. Menschen wurden solange gequält, bis sie das sagten, was die Inquisitoren von ihnen hören wollten. Und dann hat man sie grausam hingerichtet. Sie wurden lebendig verbrannt.

Da musste doch jemand wach werden und Reformen an Haupt und Gliedern fordern. Die Reformer HUS (der verbrannt wurde), Zwingli, Calvin und Martin Luther forderten ein Umdenken und eine Reform. Und was taten die Päpste? Sie waren nicht bereit, Reformen durchzuführen.

Die Päpste, die Kirche trägt die Schuld, dass das Christentum zerfiel, dass ein 30 Jahre langer Krieg Not und Elend über ganz Europa brachte, dass die Menschheit auseinanderbrach.

Die Folgen belasten uns noch heute.

Die Kirche hat also auch sehr viel Dummes selbst gemacht. Die Päpste taten gerade das, was der Schöpfer nicht wollte.

In der Botschaft Gottes finden wir nichts, was ihnen erlaubt hätte, mit Kriegen, Gewalt und Zwang seine Botschaft den Menschen zu offenbaren.

Kommen wir nun zu einem neuen Abschnitt im Leben der Menschen.

Bis ins Mittelalter lebten die Menschen so, wie es die Religion ihnen sagte. Sie allein bestimmte, wie die Botschaft Gottes verkündet und ausgelegt werden muss. Der Schöpfungsplan der Kirche bestimmte ihr Leben

Wir wissen, dass im Universum das Gesetz der Veränderung und der Evolution das Sagen haben. Es gibt nichts Fertiges, keinen Stillstand in der Entwicklung aller Dinge.

Und so veränderten sich auch wir Menschen. Wir wurden langsam klüger und gescheiter. Wieder waren es Männer, die mehr über das All wissen wollten. Sie begannen zu forschen, zu experimentieren und erkannten Zusammenhänge und gewannen völlig neue Erkenntnisse.

Die großen Denker Kopernikus, Kepler, Galilei und Newton (Darwin und Mendel kamen später dazu) gaben ihre neuen bewiesenen Erkenntnisse der Öffentlichkeit bekannt.

Sie behaupten:

1. Das Ptolemäische Weltbild ist falsch.
2. Der Schöpfungsbericht der Kirche ist nicht vollständig und muss ergänzt werden.
3. Es sind die Kräfte der Natur und Evolution, die Leben werden lassen.
4. Die Theologie ist nicht die einzige Wissenschaft.
5. Die Kirche erkennt Gott nicht in seiner ganzen Größe.

Diese neuen Erkenntnisse schlugen wie eine Bombe ein und erschütterten die bisherigen Vorstellungen der Menschen und stellten alles BISHERIGE in Frage. Die Glaubwürdigkeit der christlichen Lehre wird angezweifelt und in Frage gestellt.

Die Päpste mussten reagieren und Stellung nehmen. Und was taten sie?

Sie tun so, als ob es keine neuen Erkenntnisse der Wissenschaftler gäbe. Sie lehnen die neuen Wissenschaften und ihre Erkenntnisse einfach ab. Für sie ist nur die Theologie die einzige Wissenschaft und deren Erkenntnisse gelten, sind richtig und müssen geglaubt werden. Sie behaupten, das von Kopernikus erkannte und von Galilei bewiesene neue HELIOZENTRISCHE WELTBILD gibt es nicht. Sie zwingen Galilei in einem Prozess, seine Beweise als falsch zu bezeichnen. Er tat dies, um von den qualvollen und grausamen Methoden der Inquisition verschont zu bleiben.

Er bekam Lehrverbot, seine Bücher durften nicht veröffentlicht werden. Erst etwa 300 Jahre später gaben die Päpste zu, dass es das neue Weltbild, in dem die Sonne im Mittelpunkt steht, wirklich gibt, und jetzt durfte dies auch von den Christen geglaubt werden.

Die Päpste waren nicht bereit, sich ernsthaft mit den neuen Erkenntnissen zu beschäftigen. Für sie blieb alles so, wie es bisher war.

In den letzten 500 Jahren wurde die Kirche dreimal durch revolutionäre Ideen und Wahrheiten stark erschüttert.

Im 16 Jahrhundert kam durch das HELIOZENTRISCHE WELTBILD des Kopernikus der Schöpfungsbericht der Kirche ins Wanken.

Im 18. Jahrhundert war es CHARLES DARWIN, der mit seiner allgemeinen EVOLUTIONSLEHRE vom zeitlichen WERDEN aller Organismen, einschließlich von uns Menschen, den Schöpfungsplan der Kirche in Frage stellte, weil dieser keinen realistischen Wahrheitsgehalt ausweise.

Schließlich setzte Sigmund Freud im 19. Jahrhundert die naturwissenschaftlich gedachte PSYCHOANALYSE an die Stelle der christlichen Seelenlehre und stellte das Menschenbild, das bisher die Menschen von Gott her sahen, auf den Kopf. Nicht der Geist, sondern der Sexualtrieb (LIBIDO) ist der wesentliche Faktor im Menschenleben.

Die Vertreter des Christentums reagierten immer nach der selben Art und Weise. Anfangs stand eine komplette Ablehnung mit verschiedenen Kampfmitteln, dann erst studierten die Theologen genauer die neuen Erkenntnisse und schließlich gab die Kirche ihren Widerstand auf. Es kam zu einem Vergleich, der kein Friede war, sondern eher ein Waffenstillstand.
Schließlich gab die Kirche ihren Widerstand auf.

Die Theologen und Päpste haben immer versäumt, die Erkenntnisse der Wissenschaften in ihren Schöpfungsbericht aufzunehmen. Heute sind die Päpste bereit, einige Erkenntnisse der Wissenschaft zuzugeben (so die Rolle, die Jesus von Nazareth für das Christentum hat oder dass Adam nicht allein der Stammvater der Menschen ist).

Diese Sturheit der verantwortlichen Kirchenmänner hatte ungeheure Folgen, mit denen wir uns heute noch beschäftigen müssen. Es gab nun 2 Schöpfungsberichte, den der Kirche und den der Wissenschaft.

Die Kirche behauptet: Gott hat alle Lebewesen erschaffen, die Wissenschaftler behaupten : Leben entsteht nur durch die Kräfte der Natur und der Evolution.

Wem sollte man nun glauben, wer hatte recht ?

Die Kirche sah in den Wissenschaften einen Gegner, einen Feind, den man bekämpfen musste, und so entstand der völlig sinnlose Krieg zwischen beiden. Sie mögen sich heute noch nicht.

Dieses Benehmen der Päpste war der größte FEHLER, den die Kirche machen konnte.

Die Päpste, die doch die Stellvertreter Gottes auf Erden sind und auch göttliche Fähigkeiten und Begabungen haben, hätten erkennen müssen, dass die Wissenschaften und ihre Erkenntnisse ihnen hätten helfen können. Sie hätten erkennen müssen, dass die Wissenschaften nur an der Wahrheit interessiert sind. Die Forscher wollen von neu entstandenen Dingen nur wissen: Was, wann, wie und wo dieses Neue entstanden ist. Sie nehmen keine Wertung vor.

Die Päpste haben den Sinn und die Bedeutung der Wissenschaften nicht erkannt oder bewusst nicht ernst genommen.

Es wäre sehr einfach gewesen, die Erkenntnisse in den Schöpfungsbericht einzubauen.

Die Päpste hätten den Gläubigen nur sagen müssen, dass die damaligen Schreiber der Bibeltexte von den Gesetzen der Natur und der Evolution und den Wissenschaften noch nichts gewusst haben.

Wenn aber Gott doch ALLES erschaffen hat, hat er natürlich auch

die Kräfte der Natur und die Wissenschaften in seinem Plan vorgesehen und werden lassen.
Das hätten alle Menschen verstanden und geglaubt.

Ergänzen und in Erinnerung bringen möchte ich noch die Sache mit Martin Luther, die zur selben Zeit ablief, als die Forscher ihre neuen Erkenntnisse bekanntgaben. Auch hier blieben die Päpste stur. Luther wollte keine weitere Spaltung des Christentums, er wollte längst fällige Reformen, die durch das Verhalten der Päpste notwendig geworden waren.
Das Christentum war jetzt aufgespalten in drei Gruppen. Es gab die r. k. Gruppe, die Protestanten und die orthodoxe Kirche im Osten. Die orthodoxe Kirche hatte sich schon 1054 selbständig gemacht und vom Papst losgesagt. Ein Patriarch steht an der Spitze.
Dazu kommen noch etwa 300 christliche Sekten.
Eine davon ist die „Charismatische Pfingstbewegung" ,eine neue christliche Bewegung, die den Heiligen Geist in den Mittelpunkt stellt und schon weltweit im Kommen ist.
Über 650 Millionen Menschen leben bereits mit dieser Religion. Es fehlt noch eine einheitliche Organisation. In kleinen Gemeinschaften kümmern sich die Mitglieder um ihre Mitgläubigen. Man will wieder zurück zur Urgemeinde.
Den Gottesdienst kann jeder mitgestalten, je nach seinen Fähigkeiten.
In Deutschland gab es 2010 bereits 760 solcher Gemeinden.

Heute muss die Kirche immer wieder zugeben, dass die Erkenntnisse der Wissenschaftler richtig sind.

Dies wird eine ernste Sache für die Kirche, denn die Wissenschaft nimmt der Kirche Stückchen für Stückchen ihrer Glaubwürdigkeit weg.

Wenn wir zurückblicken erkennen wir, dass es bisher keiner Religion gelungen ist, die Botschaft Gottes uns so zu vermitteln, dass alle Menschen sie verstehen und verwirklichen können und wollen. Die Botschaft Gottes ist gut und wünschenswert und sollte verwirklicht werden. Er sagt uns doch ganz deutlich, was er will und wie er es will.

Er will ein Reich schaffen, in dem GERECHTIGKEIT für ALLE MENSCHEN herrschen soll.

Das ist doch das ZIEL, das wir Menschen in unserem Tun und Lassen auch verwirklichen müssen, wenn wir unsere Zukunft sichern wollen.

Es wird uns aber nicht gelingen, weil es viele selbständige Religionen gibt, die die Botschaft des Schöpfers verschieden offenbaren und auslegen und weil jede Religion behauptet, die einzig richtige zu sein.

So sieht der Hinduismus in seiner Religion eine überzeitliche URRELIGION der Menschheit, eine Religion des ewigen Weltgesetzes.

Die Lehre des Islam sagt: Es gibt keinen Gott außer ALLAH. Was im Koran steht ist Grundlage der Religion und muss befolgt werden, also auch diese Menschen glauben, die richtige Religion zu haben. Den Juden hat ihr Gott JAHWE in den 10 Geboten ihre Religion gegeben. Also auch sie haben die richtige Religion.

Die Christen bezeichnen ihre Religion als die einzig wahre und richtige und begründen dies mit der Tatsache, dass der Stifter (Gott selbst), sie auf Erden verkündet hat. Und was ein Gott predigt, das ist wahr und kein Menschenwerk.

Die Gläubigen jeder Religion sehen in ihrer die richtige und wahre Religion und glauben an sie.

Es wird also kaum möglich sein, die Religionen wieder zusammenzubringen. Sie mögen sich heute noch nicht, sehen noch immer in der anderen Religion einen Rivalen und Feind, den man nicht dulden darf. Dieses Denken wurde inzwischen etwas gelockert und zum Teil aufgegeben.

Im 2. Vatikanischen Konzil brachten die Päpste Johannes XXIII. und Paul VI. Bewegung und NEUES DENKEN in das Verhältnis der Religionen zueinander ins Gespräch.

Man hat festgestellt, dass jede Religion gute Menschen hervorbringt, also können sie doch nicht so schlecht sein. Heute sagt man, dass alle Religionen und ihre Heiligen Schriften mit göttlicher Inspiration entstanden sind, dass Gott der Schöpfer aller Menschen ist. Man sucht ein friedliches Nebeneinander, betont das Gemeinsame.

(Das hat lange gedauert, bis es endlich auch die Päpste begriffen haben). Die Umsetzung dieser Erkenntnisse geht aber nur langsam und schleppend voran.

Für mich sind alle Religionen gleich wertvoll, wenn sie ihre Aufgabe richtig erfüllen.
Die Religionen sollten also mit der Behauptung, ihre Religion ist die einzig richtige und wahre vorsichtig sein. Das gilt auch für das Christentum. Gott hat nicht selbst seine Botschaft verkündet, sondern sein Sohn. Und der wird auch als Prophet und nicht als Gott gesehen.
Auf alle Fälle können Religionen für uns Menschen wichtig sein. Sie geben vielen Menschen Halt, Trost und Hoffnung für ihr Tun und Lassen. Sie zeigen ihnen den Weg, die Richtung für ihr Leben. Und solange die Gläubigen eine Hilfe in ihrer Religion finden und sie auch wollen, solange ist das gut für beide.

Religion ist die Beziehung des einzelnen Menschen zu seinem Gott. Und diese Beziehung muss jeder einzelne Mensch selbst finden und wollen, damit er mit seinem Gott leben kann. Diese Beziehung darf ihm nicht aufgezwungen werden.
Und es gibt keine Religion, die für immer besteht.
Die Wissenschaftler stellen fest: Keine Religion ist in der Lage, allgemein gültige Tatbestände in einer Form zu übermitteln, wie es sein müsste, wenn sie auf göttlicher Offenbarung beruhte. Keine Religion stellt ein endgültiges Ergebnis dar, sondern ist eine Ausdrucksform der Wahrheit dieser Zeit.

Gäbe es nur eine einzig wahre Religion, so wären nicht so viele Glaubensarten nebeneinander möglich. Die eine Wahrheit müsste sich mit zwingender Gewalt offenbaren und durchsetzen. Und dies ist bisher noch keiner Religion gelungen.

Unsere Religionen müssen versuchen, die Botschaft Gottes uns so zu offenbaren, dass wir sie verstehen und verwirklichen wollen. Religionen müssen den Menschen helfen, ein gutes und sinnvolles Leben führen zu können. Wir Menschen haben eine begrenzte Denkfähigkeit. Wir können mit unserem jeweiligen Wissen und Können wohl nie ganz verstehen, was Gott uns sagen will.

Fakt ist, dass es nur einen Schöpfer gibt, dem wir verschiedene Namen gegeben haben. Fakt ist auch, dass es nur eine Botschaft gibt.

Was sollten die verschiedenen Religionen daraus lernen?

Die Päpste sollten endlich den unsinnigen Streit mit den Wissenschaften aufgeben, sollten endlich die wahren Erkenntnisse der Historiker in ihren Schöpfungsbericht einbauen.

Für die Zukunft ist es notwendig, dass sich die Religionen nicht weiter bekämpfen, sondern sich gegenseitig tolerieren und das Gemeinsame suchen, das sie haben. Sie müssten sich nur auf die Werte konzentrieren, die wir Menschen heute brauchen.

Kluge Menschen haben erkannt, dass Gott und seine Botschaft für uns Menschen schwer zu verstehen sind.

Es wurde gefragt: Können wir Menschen überhaupt die übernatürliche Botschaft Gottes verstehen und begreifen?

Das war eine Frage für die Kirchenväter, die Päpste, die Theologen
und Philosophen.
Es geht um die Beziehung zwischen Vernunft und Offenbarung
(Glauben).
Es ist die Frage: Wie passen beide zusammen?

Auf der einen Seite haben wir unsere Vernunft, mit der wir erkennen können, auf der anderen Seite ist die übernatürliche göttliche
Offenbarung.

Jahrhunderte lang wurde darüber diskutiert, gestritten, und wir
haben heute noch keine befriedigende Antwort.

Hier ein kleiner Ausschnitt über diese Streitgespräche der Fachleute.

Die christliche Lehre sagt:
Der Mensch ist nicht in der Lage, allein mit dem Licht der Vernunft
die Botschaft Gottes zu verstehen.
Gott hat ihm zwei Hilfsmittel gegeben, damit er seine Botschaft
verstehen kann: Die Vernunft und seine Offenbarung.

Und mit dieser Behauptung mussten sich die klugen Kirchenmänner befassen und beschäftigen. Sie mussten herausfinden, ob die Vernunft und die Offenbarung zueinander passen.

Der Heilige Augustinus meint: Wer zu Gott finden will, muss sich vom Materiellen lösen und dem Geistigen zuwenden, und das Geistige ist Gott.
Im Frühmittelalter geht es um die Frage: Lässt die von Gott gesetzte Ordnung überhaupt ein eigenständiges Handeln zu? Dürfen wir überhaupt selber denken und verändern ?
Papst Gregor der Große will die Menschen religiös und sittlich erziehen.
In der Scholastik wird eine neue Erkenntnis sichtbar:
Denken und Glaube sind gleichwertig (Anselm von Canterbury, 1033 geb.): „Ich glaube, damit ich erkenne".

Albertus Magnus und Thomas von Aquin meinen: Menschliche Vernunft reicht nicht aus, um das übernatürliche Licht der Botschaft zu verstehen. Hinzutreten muss Gott mit seiner Offenbarung. Der Mensch hat eine natürliche und eine übernatürliche Begabung. Er kann an der göttlichen Natur teilnehmen, doch braucht er dazu die Hilfe Gottes, seine Gnade und seine Liebe (diese Meinung hat die Kirche übernommen).

Mit Wilhelm von OCKHAM wird ein neuer Weg eingeschlagen (via moderna).

Vernunft und Offenbarung treten auseinander, gehören nicht zusammen, weil jede eine eigene Wahrheit hat. Die Offenbarung ist übernatürliche Wahrheit, an die geglaubt wird, weil sie absurd ist (sinnlos). Mit Denken und Erkennen ist ihr nicht beizukommen.

Wir finden bei den großen Denkern verschiedener Zeiten unterschiedliche Meinungen.

Jeder Mensch muss selbst herausfinden, wie er zu Gott kommen kann und will. Diese Entscheidung kann ihm niemand abnehmen.

Auf unserer Reise in die Vergangenheit haben wir erfahren, wie die Menschen sich von Anfang an bemühten, etwas zu finden, was ihnen Halt, mehr Sicherheit und einen Weg zeigte, den sie gehen sollten. Mit Hilfe Gottes und der Religion scheint dies vielen Menschen gelungen zu sein. Und das ist gut so und soll auch so bleiben.

Wenn wir aber sehen, was einzelne Menschen, die das Sagen haben, heute noch tun und lassen, dann kommen Zweifel auf, ob das alles Gottes Wolle ist und ausreicht, um unsere heutigen Probleme zu lösen.

Wir müssen uns fragen, ob wir so wie bisher weiterleben wollen und dürfen.

Betrachten wir unsere derzeitige Situation.

Beginnen wir mit den Religionen.

Fakt ist, dass viele Gläubige ihre Religion verlassen, weil sie unzufrieden sind, weil die Religion ihnen nichts mehr gibt. Sie sagt uns nichts mehr. Wir können mit den Vorstellungen und dem Schöpfungsbericht der Bibel, die für die Menschen bis ins Mittelalter hinein ausreichten, nichts mehr anfangen.

Der Ton in der Sprache der Bibel gefällt uns schon nicht mehr. Da heißt es: DU MUSST das und das tun. Du DARFST das nicht tun, sonst drohen dir Strafen wie Fegfeuer oder Hölle.

Wir lassen uns nicht mehr so diktatorisch sagen, was wir tun sollen.

Dieser Befehlston passt nicht mehr in unsere Zeit.

Würde es heißen : Helfe mit, dass ..., lass nicht zu, dass..., achte darauf, dass...., sorge dafür, dass..., dann fühlten wir uns angesprochen, denn das sind keine Befehle, sondern es wird unsere Mithilfe verlangt.

Die Botschaft Gottes muss uns heute in unserer Sprache offenbart werden.

Die Botschaft Gottes muss auch dem Wissen und Denken unserer Zeit entsprechen. Wir haben heute andere Probleme zu lösen als die damaligen Menschen. Also muss uns die Botschaft verständlich offenbart werden, wenn sie uns helfen und wieder erreichen soll.

Das haben auch schon Theologen des 20. Jahrhunderts festgestellt.

So meint der Theologe Karl Barth, dass sich die Theologie zu wenig
um die Auslegung der Lehre gekümmert hat.
Rudolf Bultmann meint, dass man die Texte der Bibel für den
Glauben fruchtbar machen muss. Die Texte müssen in die zeitge-
bundenen Vorstellungen unseres heutigen Weltbildes übersetzt
werden.
Für Paul Tillich ist heute die Kirche, die Theologie und die Bibel zu
weit von unserer geschichtlichen Situation entfernt.
Der Theologe Leonhard Ragaz meint sogar, das Christentum ist
nicht das, was Gott wollte.

Diese berechtigte Kritik gilt für alle Religionen. In jeder Religion
gibt es Unzufriedenheit. So natürlich auch im Christentum.

Wie wir sehen, haben die Päpste oft falsch gehandelt und so die
Schwierigkeiten, die wir heute haben, mit verursacht und mit verschuldet.

Für uns Christen ist natürlich unsere Religion bedeutend und wichtig, bestimmt sie doch unser ganzes Denken und Tun.
Und deshalb widme ich mich jetzt dieser Religion.

Mit dem Christentum beginnt eine völlig neue Zeit in der Geschichte der Menschheit.

Ich wollte wissen, wie das Christentum und seine Lehre (die BI-BEL) entstanden sind und warum es zur größten Religion werden konnte.

Das Werden der christlichen Lehre

Es geht also nur um das Werden der neuen christlichen Religion, um die Ereignisse, aus denen sie inhaltlich besteht.
Diese kann man leider nicht in einer logischen Folge darstellen, das erlaubt die Entstehung nicht, denn an ihrem Entstehen haben viele Autoren mitgearbeitet, so dass wir nicht nur die Meinung eines Autors in den Texten finden, sondern mehrere.
Ich kann deshalb nur die Ereignisse der Reihe nach betrachten und meine Meinung dazu sagen.

Die Bibel ist kein einheitliches Werk, wie das Buch eines modernen Verfassers, sondern eine Sammlung von verschiedenen Schriften, die erst in langen Jahrhunderten zu einer Einheit zusammengewachsen sind. In der Bibel lese ich auch, dass sie aus dem Alten und Neuen Testament besteht, und ich muss beide lesen, wenn ich den Sinn und Inhalt der Bibel verstehen will.
Es sind 72 Bücher, davon sind 45 aus dem Alten und 27 aus dem Neuen Testament, und die gehören beide zusammen und bilden die Bibel.

Ich fragte mich, was hat das Alte Testament mit dem Christentum zu tun?

Eine ganze Menge.

Im Alten Testament war wichtig, wie Gott schon sehr früh begann, über Herolde, Propheten und einzelne Personen, seine Botschaft zu predigen.

Im Alten Testament werden alle menschlichen Probleme angesprochen, und Gott gab Antwort.

Wir finden im AltenTestament auch grausame Kapitel, in denen Gott befiehlt zu morden, zu plündern und ganze Städte vernichtet.

Als Entschuldigung wird gesagt, dass man das auch als einen Akt seiner Barmherzigkeit ansehen kann. Er will dadurch die Menschen bessern (ein Bessern durch Abschreckung ist keine schöne Sache).

Über Abraham und Mose und das ausgesuchte Volk der Juden versuchte der noch namenlose Gott seine Botschaft an alle Menschen zu bringen.

Gott nahm den Namen des Gottes an, den Abraham verehrte, und seitdem ist der Gott der Juden JAHWE. In den 10 Geboten gab er Mose seine Botschaft bekannt. Mose sollte sie seinem Volk überbringen und mitteilen.

Bei den Juden entstand der EINGOTTGLAUBE (Monotheismus).

Der jüdische Gott JAHWE sagte den Juden, dass der Weltuntergang nahe sei und der Sohn Gottes als Mensch und Erlöser bald auf die ERDE kommen wird.

Und das predigte auch der Jude Johannes der Täufer am Jordan und rief die Juden zur Umkehr auf.

Das Judentum ist die Wiege des Christentums und des Islam. Es gab einen Gott, eine Botschaft und einen Glauben.
Das Christentum ist also das „mit Jesus Christus" neu gelesene Alte Testament. Der israelische Glaube wurde durch Jesus bereichert und ergänzt.

Die neue Religion sollte etwas ganz Besonderes werden, eine Religion, die es bisher noch nicht gab.
Bisher hatte Gott seine Botschaft über Mittelsmänner offenbaren lassen.
Neu war, dass Gott als Stifter der neuen Religion Mensch werden und seine Botschaft selbst verkünden sollte.
Was bedeutet das?
Wir Menschen befehlen und zwingen unseren Schöpfer Gott, dass er selbst Mensch werden muss und seine Botschaft selbst predigen soll.
Der Mensch, den Gott erschaffen hat, zwingt seinen Schöpfer etwas zu tun, was er gar nicht kann, denn er ist unsichtbar.
Ich glaube, hier haben die Menschen etwas Dummes gewollt. Da sie aber darauf bestanden, dass ein Gott zu ihnen kommt, haben sie die Entstehung und den Inhalt der Lehre so gestaltet, als ob sie Gott so gewollt habe. Es muss also so aussehen, als habe Gott die neue Lehre so gewollt und gepredigt. Die neue Lehre konnte keine logische und verständliche Religion werden.

Da Gott unsichtbar ist und selbst nicht Mensch werden kann, brauchte er seinen Sohn. Und damit wird der Sohn die Zentralfi-

gur der Lehre. Vom Vater und seiner Botschaft hören wir nur noch wenig.
Die Schreiber hatten eine schwierige Arbeit vor sich.

Als die Macher der neuen Religion zu schreiben begannen, war Jesus Christus schon etwa 70 Jahre tot und längst wieder bei seinem Vater im Himmel.
Tatsache war auch, dass weder er noch seine Jünger etwas über seine Predigten und sein Wirken als Mensch aufgeschrieben hatten.
Bekannt waren ihnen nur die Ereignisse, die geschehen waren.
Und so entstanden aus der Erinnerung heraus Geschichten, die viele Fragen offen ließen.

Erleichtert wurde den Schreibern ihre Arbeit, weil Gott ihnen versprochen hatte, sie bei ihrer Arbeit mit seiner Inspiration zu helfen. Er wird ihnen sagen, was und wie sie es schreiben sollten.
Fraglich ist nur, ob die Schreiber diese Inspiration gehört, verstanden und befolgt haben.

Zum Glück gab es schon viele andere Religionen und Berichte, in denen viel über Gott geschrieben worden war. Da konnte man manches übernehmen.
So waren den Menschen des VORDEREN ORIENTS schon viele Begriffe bekannt, die die Schreiber verwenden konnten.
Das Paradies war als Ort der Glückseligkeit bekannt. Man hatte von der Sintflut, der Trinität, vom Baum der Erkenntnis und des

Lebens schon gehört. Auch die Schlange, damals ein Symbol des Guten, wurde im Christentum zum Bösen gemacht.

Die Zweiheit des Menschen war allgemein anerkannt. Ebenso der Ort für die unsterbliche Seele. Allerdings lag der in der Unterwelt, und dort führten die Toten ein Scheindasein.

Die griechischen Philosophen SOKRATES und ARISTOTELES betonten in ihren Äußerungen schon christliche Werte und galten als Christen vor Christus.

Die Schreiber konnten also auf viel Material zurückgreifen und manches verwenden.

Im 2. und 3.Jahrhundert waren soviel Geschichten über Jesus vorhanden, dass ein Gremium prüfen musste, welche Schriften kanonisch waren und welche nicht.

In der Bibel können wir lesen:

„Die Bibel ist die heilige Geschichte von Anfang an. Sie ist durch den Schöpfer geheiligt, ist aber oft durch das UNVERSTÄNDNIS derer verfälscht worden, die der Ewige nach seinem Bild und Gleichnis erschaffen hatte. Gott hat aber alles wieder in Ordnung gebracht"

Die katholische Kirche stellt neben die schriftliche Offenbarung die „Mündliche Überlieferung" als gleichberechtigte Glaubensquelle.

Dazu kommt im 6. Jahrhundert die „GLAUBENSREGEL", das ist die Lehrautorität der Kirche (des Papstes), welche über alle Fragen

des Glaubens entscheidet und der sich alle Christen zu fügen haben.
Der Papst allein entscheidet, wie die Botschaft Gottes verstanden und ausgelegt werden muss.

Welche Gründe gab es nun, eine neue Religion zu bilden ?

Die alte Gesetzesreligion der Juden war brüchig geworden und gab Anlass zur Kritik.
Der Apostel Paulus sagt: Unsere Gesetzesreligion hat uns in Zucht gehalten, konnte uns aber nicht von der Sünde erlösen.
Ein weiterer Grund war, dass der Gott der Juden den baldigen Weltuntergang und das Kommen des Sohnes als Messias und Erlöser versprochen hatte. Die Juden erwarteten diese Ankunft sehnlichst, damit sie wieder eine starke Religion bekamen.
Der Hauptgrund aber war, eine neue Religion zu schaffen, die es bisher noch nicht gab.

Was musste in die neue Lehre alles hinein?

Das Nahesein des Weltuntergangs, das baldige Kommen des Sohnes Gottes, seine Menschwerdung, die Verkündigung der Lehre Gottes durch seinen Sohn, sein Leidensweg, sein Opfertod und die damit verbundene Aussöhnung der Menschen mit Gott, seine Auferstehung und Himmelfahrt.
Den Menschen musste auch gesagt werden, an was sie glauben müssen und wer seine Botschaft verkünden darf und muss.

Auch die Dreiheit des christlichen Gottes musste den Gläubigen nahe gebracht werden, ebenso die Zweiheit des Menschen. Wichtig war, dass man den Menschen deutlich sagte, warum wir zwei Leben haben, das irdische und das im Jenseits.

Viele dieser Ereignisse haben mit der Verkündigung der Botschaft Gottes wenig zu tun. Wir erfahren viel ÜBER den Sohn, aber wenig von der Botschaft des Vaters.
Man muss auch wissen, dass die Autoren der Texte nicht gleich schriftlich festhielten. Man sprach erst darüber und dann schrieb man Texte, die für Predigten geeignet waren. Man musste erst die Unterschiede gegenüber anderen religiösen Strömungen deutlich machen. Dann erst entstanden die Geschichten mit den Ereignissen, die geschehen waren.

Wieder war es Paulus, der den neuen Glauben zur selbständigen vom Judentum scharf unterschiedenen Weltreligion machte. Er predigt, dass alle Menschen Christen werden können und sollen.

Die Evangelisten haben sich auch nicht miteinander abgesprochen, und so entstanden über das gleiche Ereignis unterschiedliche Darstellungen.

Wichtig war, dass sich die neue Lehre behauptete und überzeugte. Solange Jesus sie selbst predigte, funktionierte das recht ordentlich.

In den Texten der Bibel sind viele Geheimnisse, Rätsel und Unklarheiten.

Ich versuche nun, die neue Lehre dadurch verständlich zu machen und zu erklären, indem ich die einzelnen Ereignisse der Bibel aufzeige und sie kritisch beleuchte, wenn es notwendig ist.
Eine bestimmte Reihenfolge ist nicht notwendig. Wichtig ist der jeweilige Inhalt, die Bedeutung der Ereignisse, die sie für die Lehre haben.

Beginnen möchte ich mit der ZWEIHEIT des Menschen.

Die Bibel behauptet einfach (frei übersetzt) :
„Gott hat durch einen KRAFT- und WILLENSAKT aus dem NICHTS in sechs Tagen die ganze Welt erschaffen."
In den ersten 5 Tagen brachte er Ordnung in seine Schöpfung, am sechsten Tag schuf er den MENSCHEN.
Er nahm fruchtbare Ackererde und formte daraus den vergänglichen Leib Adams (noch war Adam tot). Dann hauchte er ihm den „ODEM des Lebens" ein.
Dieser ODEM machte Adam lebendig. Der Odem ist also gleich Leben und Leben ist das, was die Bibel den göttlichen, den geistigen Teil des Menschen nennt. Der geistige Teil ist die Seele des Menschen.
Der Mensch besteht also aus „ZWEI" Teilen, dem Körper und dem GEIST.

Was geschieht nun beim Tod des Menschen?
Gott entzieht dem Fleisch (dem Körper) wieder seinen göttlichen
Odem, und das Fleisch wird wieder zu Erde.
Übrig bleibt die Seele, und die ist unsterblich, weil sie ein Teil Gottes ist (der Odem), und Gott ist unsterblich, also ist es auch unsere
SEELE.
Nun brauchte man einen ORT, in dem sich die unsterbliche Seele
nach dem Tod aufhalten konnte. Es musste ein Ort sein, der eine
große Bedeutung für unser Leben hat und der auch für die neue
Lehre wichtig ist. Diesen Ort nennt die Bibel das „Jenseits".

Wie offenbart uns die Kirche dieses Jenseits ?
Auch das Jenseits hat nach der Bibel Gott vorgesehen und in seinen Predigten erwähnt.
Er hat sich besonders der Armen und Bedürftigen angenommen,
also der Menschen, die im irdischen Leben zu kurz kamen, die nur
Nachteile erlebten. Diesen Menschen versprach er das Himmelreich, er sagte nicht das JENSEITS. Im Himmel dürfen sie bei Gott
wohnen und werden so entschädigt für das, was sie im irdischen
Leben erdulden mussten. Es sollte eine Art Wiedergutmachung
sein.

Die Theologen haben aus dem Himmel erst einmal das Jenseits gemacht.
Und die Notwendigkeit des Jenseits begründen sie damit, dass wir
Menschen zwei Leben haben, das irdische auf der Erde und das
ewige Leben im Jenseits. Und unser Ziel die EWIGE SELIGKEIT, er-

reichen wir nicht im Diesseits, sondern erst im Jenseits. Zwar nicht der ganze Mensch, sondern nur die unsterbliche Seele.

Das Leben im Jenseits ist also das wichtigere Leben für uns. Das irdische Leben dient nur dazu, so zu leben, dass unsere Seele mit einem guten Ergebnis in das Jenseits kommt, denn dort muss sie am Jüngsten Tag Rechenschaft ablegen über das TUN und LASSEN im irdischen Leben und wird sofort belohnt oder bestraft, und das für ewig.

Mit dem Jenseits haben die Theologen jetzt ein Mittel gefunden, dass wir ein ganzes Leben lang das tun, was Gott will. Und da die Kirche ja uns sagt, was Gott will, kann sie uns immer daran erinnern, wie wir leben müssen, um unser Ziel zu erreichen.

Die Gerechten dürfen zu Gott in den Himmel, die Anderen müssen für eine bestimmte Zeit ins Fegfeuer oder gleich in die Hölle.

Die Angehörigen der Toten im Fegfeuer können deren Aufenthalt dadurch verkürzen, dass sie für sie beten und Messen lesen lassen und Almosen geben.

Die Frage: Wer sind nun die Gerechten? wird widersprüchlich beantwortet.

Jesus sagt in seinen Predigten, dass ihm die Ungerechten näher stehen als die Gerechten. Also müssten die Sünder in den Himmel kommen. Und nun kommen doch die in den Himmel, die nicht gesündigt haben. Sie sind nun die Gerechten.

Solche UNGEREIMTHEITEN konnte sich ein allwissender Gott nicht ausgedacht haben.

Die unsterbliche Seele muss im Jenseits nur noch beim Jüngsten Gericht „BEICHTEN" und erfährt sofort das Urteil. Sie kann sonst nichts mehr tun.

Diese Darstellung der Bibel befriedigt mich nicht.

Ich weiß nicht, wo das Jenseits ist. Ich weiß nicht, wie die Herrlichkeit eines unsichtbaren Gottes aussieht. Ich weiß nicht, ob die unsterbliche Seele Freude und Schmerzen empfinden kann.

Ich kann auch nicht verstehen, warum wir im Jenseits nochmal verurteilt werden. Straftaten begehen wir im Diesseits und müssen sie auch dort schon verbüßen. Man kann nicht zweimal für eine Tat verurteilt werden.

Auch die Zweiteilung des Menschen wird hier falsch verstanden. Sie ist nur richtig, wenn festgestellt wird, dass der Mensch aus Körper und Geist besteht. Die unsterbliche Seele und das zweite Leben im Jenseits haben meiner Meinung nach erst die Theologen dazu gemacht. Sie brauchten beide für die neue Religion.

Sie haben damit einen bestimmten Zweck verfolgt. Ich habe ihn bereits genannt. Wir sollten ein Leben lang von Gott abhängig sein und seine Botschaft befolgen, sonst .....!

Wie wurden die anderen Ereignisse in der Bibel dargestellt und den Gläubigen verständlich gemacht?

Das Paradies

Das Paradies war den Menschen als fruchtbarer Garten Gottes schon bekannt. Ergänzt wurde, dass die ersten Menschen ohne Sünde und ohne Begierden lebten und unsterblich waren. Das konnte so nicht bleiben, denn im Paradies hatten sie schon ihr Ziel, die ewige Seligkeit, erreicht.

Die Auferstehung und Himmelfahrt

Die Auferstehung hatte niemand gesehen, der sie bezeugen konnte. Als die Frauen drei Tage nach seinem Tod ans Grab kamen, war dieses leer, und ein Engel sagte ihnen, dass Jesus auferstanden ist. Sie sollten dies schnell den Jüngern mitteilen, denn er will nochmal mit ihnen zusammen sein. Diese Treffen sind der einzige Beweis für seine Auferstehung. Die Jünger, die er nochmal getroffen hatte, behaupteten felsenfest, dass er bei ihnen war, mit ihnen sprach, aß und ihnen noch Befehle gab und die Kirche gegründet hat (das ist die Geschichte mit Petrus).
Nach 40 Tagen wurde er vor ihren Augen in den Himmel gehoben und verschwand in einer Wolke.
Diese Auferstehung gefiel den Hohen Priestern der Juden gar nicht. Sie hatten doch von Pontius Pilatus Soldaten bekommen, die das Grab bewachten. Und jetzt war er verschwunden. Die Soldaten wurden bestochen und mussten sagen, dass seine Anhänger ihn gestohlen haben, während sie schliefen.

Diese Geschichte der Auferstehung wird von den Evangelisten unterschiedlich erzählt. Jeder hatte eine eigene Geschichte sich zurechtgemacht und aufgeschrieben.

Es wurde auch gefragt, welchen Leib der Sohn bei der Himmelfahrt hatte, wie er aussah. Die Antwort lautet: Jesus ist nach der Auferstehung ein anderer geworden und doch der gleiche geblieben.

Wie versuchten die Theologen und die Schreiber die TRINITÄT den Gläubigen nahe zu bringen?

Die Trinität ist mit dem Verstand nicht zu erklären.
Wie kann ein Gott aus drei Personen bestehen und doch eine Einheit bilden?

Es gibt am Anfang nur einen Gott. Alle anderen Lebewesen sind seine Geschöpfe und können doch keine Götter sein. Der Sohn und der Heilige Geist sind Geschöpfe des Vaters.

Selbst der Heilige Augustinus, der sich zwei Jahre lang mit dieser Trinität befasste und zwei Bücher geschrieben hat, musste am Ende seiner Arbeit bekennen: „Ich kann sie nicht begreifen und fassen".

Einige Jahrhunderte stritten sich die Theologen und suchten nach einer Lösung. Dann gaben sie ihre Erkenntnisse bekannt:

„Gott Vater, Gott Sohn und der Heilige Geist sind zwar drei Personen, besitzen aber die gleiche göttliche Substanz, sind also wesensgleich und bilden somit doch eine Einheit".

Das müssen die Gläubigen einfach glauben, auch wenn sie es nicht verstehen.

Die Geschichte mit der Erbsünde.

Im Paradies lebten die Menschen noch ohne Sünden, hatten keine Begierden und waren unsterblich.
Das konnte so nicht bleiben.
 Die RELIGION BRAUCHT SÜNDIGE MENSCHEN.

Also musste man überlegen, wie die Menschen sündhaft werden können.
Jetzt kommt das Ereignis mit dem Apfelbaum, dem Baum der Erkenntnis und des Lebens.
Gott hatte den ersten Menschen verboten, die Frucht dieses Baumes zu essen.
Der Satan aber näherte sich Adam und Eva in Gestalt einer Schlange und sagte ihnen : „Wenn ihr von diesem Baum die Frucht esst, dann werdet ihr so sein wie Gott selbst und ihr braucht ihn nicht mehr".
Das gefiel den beiden, sie wurden stolz und aßen den Apfel.
Damit hatten sie ein Gebot Gottes übertreten, und er bestrafte sie hart. Vertreibung aus dem Paradies, Sterblichkeit und ein Leben lang harte Arbeit (im Schweiße deines Angesichtes sollst du dein Brot verdienen).

Durch ihre Sünde haben Adam und Eva Gott sehr beleidigt und verletzt und seine GNADE und LIEBE verloren, ohne die sie nicht leben können (sagt die Bibel).

Gott machte diese Sünde der beiden zur ERBSÜNDE für alle Menschen.

Begründet wird es damit, dass Adam als Stammvater der Menschheit gilt, und deswegen kommen alle NACHGEBORENEN ADAMS mit der Erbsünde schon auf die Welt.

Erbsünde bedeutet ewige VERDAMMNIS.

Gott sprach auch noch den Menschen die Fähigkeit ab, sich selbst je wieder von der Sünde befreien zu können.

Gnade ist die Gerechtigkeit, die Gott den Menschen gibt. Gnade bedeutet Vergebung der Sünden.

Mit dieser Erbsünde hatte er alle Menschen verloren. Mit verdammten Menschen kann er nichts anfangen.

Diese Erbsünde musste wieder rasch verschwinden.

Aber wie?

Da es nur ihn und die Menschen auf der Welt gab, benötigte er jemand, der durch ein großes SÜHNEOPFER, das er freiwillig für die Menschen bringt, sie wieder von der Erbsünde erlöst und befreit.

Gott Vater dachte an seinen Sohn Jesus Christus und sprach mit ihm. Der Sohn erklärte sich bereit, dieses Sühneopfer zu bringen. Er starb für alle Menschen am Kreuze.

Dieses Opfer nahm der Vater an, und so konnten die Menschen wieder zu ihm kommen und seine Gnade und Liebe empfangen.

Das gestörte Verhältnis zwischen ihm und den Menschen war wieder beseitigt.

Diese Erbsünde gefiel einem irischen Asketen und Mönch mit Namen PELAGIUS gar nicht. Er sagte:

„Die Sünde ist immer nur die Tat eines Einzelnen und kann nicht auf andere übertragen werden. Vererbt werden kann immer nur die Natur, nicht aber die Gesinnung. Und nur die Gesinnung ist sündhaft".

Dem Heiligen Augustinus wirft er vor, wenn er die Sünde mit Vererbung verbindet, erklärt er die Natur für sündhaft, und das ist nicht christlich.

411 wurde in einer Synode die Lehre des PELAGIUS beraten. Seine Lehre wurde abgelehnt und verurteilt.

Die Gnadenlehre Augustinus wurde Grundlage der christlichen Religion.

Diese Gnadenlehre sagt unter anderem:

„Die Gnade und Liebe Gottes wird nicht jedem Menschen verliehen. Jenen aber, denen sie verliehen wird, wird sie nicht nach dem Verdienst ihrer Werke, ja nicht einmal nach dem Verdienst ihres Wollens verliehen, sondern durch die UNVERDIENTE BARMHERZIGKEIT GOTTES".

Es spielt also keine Rolle, ob man in seinem irdischen Leben viel GUTES oder viel Schlechtes getan hat, sondern Gott entscheidet, wem er sie geben will (darüber sollte man nachdenken).

Beim Jüngsten Gericht kommen aber doch die in den Himmel, die im irdischen Leben gute Werke vollbrachten, sie sind die Gerechten. Alle anderen Menschen müssen ins Fegfeuer oder in die Hölle.

62

Die Religion sagt uns doch ständig dass wir das Gute tun müssen, um in den Himmel zu kommen. Was geschieht nun wirklich?

Die Kirche sagt, der Mensch braucht die Gnade Gottes, um erlöst zu werden. Außerhalb der Kirche gibt es kein Heil.

Auch mir gefällt diese Geschichte nicht.

Da ist plötzlich der Sohn Gottes da. Sohn bedeutet doch, dass er einen Vater hat, also ein Geschöpf ist. Und ein Geschöpf kann doch kein Gott sein.

Eine solche Geschichte konnte ein allwissender Gott sich auch nicht ausgedacht haben. Einen solchen Fehler (und für mich ist die Erbsünde ein großer Fehler) kann ein Schöpfer der Welt nicht machen.

Er braucht auch keine Erbsünde, um uns seine Botschaft verständlich zu machen.

Mit der Erbsünde haben die Theologen wieder eine Möglichkeit gefunden, uns Menschen lebenslänglich an Gott zu binden und in uns das Gefühl zu wecken und wach zu halten, von ihm abhängig zu sein und ihm ewig dankbar sein zu müssen.

Durch die Erbsünde wird die Lehre festgelegt. Die Ereignisse mit dem Sohn bestimmen den Inhalt der Lehre. Die Botschaft Gottes kommt zu kurz.

Die MENSCHWERDUNG GOTTES

Rätselhaft dargestellt und mit vielen Problemen verbunden ist die Menschwerdung des Sohnes.

Am Anfang steht die FROHE BOTSCHAFT Gottes, die der Erzengel Gabriel Maria überbrachte.

Maria erfährt, dass sie ein Kind empfangen und gebären werde. Ihm soll sie den Namen Jesus geben. Dieses Kind ist der Sohn Gottes und der versprochene Messias und Erlöser der Menschheit.

Der Höchste, der Heilige Geist, wird sie überschatten und Vater des Kindes sein.

Für die Menschen soll ihr Verlobter Josef als Vater gelten.

Das Kind kommt in Betlehem zur Welt. Zeugen sind die drei Weisen aus dem Morgenland und die Hirten. Damit wird den Menschen kund getan, dass der Sohn Gottes Mensch geworden ist.

Was aber geschieht nun mit dem kleinen „Christkind"? Für die Religion ist es der Sohn Gottes, für die Menschen der erstgeborene Sohn von Maria und Josef.

Der Sohn Gottes muss für etwa 30 JAHRE verschwinden, denn erst mit 30 kann, darf er die Botschaft des Vaters predigen. Er muss ja erst wachsen und ein Mann werden.

Die Bibel nennt diese Zeit von der Geburt bis zur Taufe von Jesus von Nazareth die „DUNKLE ZEIT" Jesu.

Für die nächsten 30 Jahre ist also Jesus von Nazareth das „CHRISTKIND", aber nicht für die Menschen.

Dieser Jesus lebt mit Geschwistern in der Familie, wird von Josef im jüdischen Glauben erzogen, erlernt einen Beruf und lebt in Nazareth und Umgebung etwa 30 Jahre lang. Bei den Menschen galt er als erstgeborener Sohn von Maria und Josef.

Maria durfte nicht sagen, dass ihr Kind der Sohn Gottes ist. Sie wäre als Gotteslästerin gesteinigt worden. Die Geschichte mit Herodes, dem damaligen König der Juden, kam erst später hinzu. Er fürchtete, seinen Thron zu verlieren und ließ alle Knaben, die noch keine zwei Jahre alt waren, umbringen. Der Legende nach waren auch zwei eigene Söhne dabei.

Der Evangelist berichtet zweimal von einem „ Kind". Einmal heißt es : Das Kind wuchs heran und wurde kräftig. Gott erfüllte es mit Wahrheit und seine Gnade war mit ihm.

Etwas später : Jesus wuchs heran und seine Weisheit nahm zu und er fand Gefallen bei Gott und den Menschen.

Hier sprach Lukas von Jesus von Nazareth, der bei seinen Eltern lebte und mit diesen als 12-Jähriger nach Jerusalem gepilgert war und nicht vom Sohn Gottes.

Mit seiner Taufe endet sein Dasein plötzlich. Jetzt hörte man von ihm nichts mehr.

Heute wissen wir, dass Jesus von Nazareth wirklich der erstgeborene Sohn von Maria und Josef war und nach seiner Lehre etwa 26 Jahre als Handwerker gearbeitet hat.

In dieser Zeit predigte der Jude Johannes der Täufer am Jordan, dass das Ende der Welt nahe sei, dass der Sohn Gottes als Messias und Erlöser auf die Erde kommen wird. Er fordert die Juden zur Umkehr und zur Taufe auf.

Diese Predigten gefielen Jesus von Nazareth und er ließ sich als Jude auch taufen.

Nach der Taufe blieb er bei Johannes bis zu dessen Tod und fing danach selbst an zu predigen.

Er gewann Anhänger und Getreue und zog mit ihnen durch die Orte und predigte auch im Tempel.

Aber was er predigte gefiel den Hohen Priestern und Schriftgelehrten, den Politikern und Parteien und auch dem damaligen römischen Statthalter Pontius Pilatus gar nicht.
Er sagte ihnen alles, was nicht in Ordnung war.

Er selbst lebte mit seinen Getreuen in einer vorbildlichen Gemein-
schaft zusammen, in der es keine Unterschiede gab. Alle Men-
schen waren gleichberechtigt, waren gleichwertig.
Doch er wurde gefangen genommen und als Gotteslästerer und
Unruhestifter zum Tode am Kreuz verurteilt und hingerichtet.
Nach seinem Tod hörte man nichts mehr von ihm.

Für die Theologen war die Person Jesus von Nazareth nicht wichtig. Für sie war wichtig, was bei seiner Taufe geschah.
Und das wollen wir nun kennenlernen.

Wie Jesus von Nazareth zu Jesus Christus wurde.

Die Bibel berichtet folgendes: „Als Jesus von Nazareth nach der
Taufe aus dem Jordan stieg, öffnete sich der Himmel und der Heilige Geist kam in Gestalt einer Taube auf ihn herab, und eine laute
Stimme war zu hören, die sagte: Dies ist mein geliebter Sohn an
dem ich Wohlgefallen habe".
Was war passiert ?
Gott Vater selbst sagte den Menschen, dass dieser Jesus von Nazareth eigentlich sein Sohn ist, der nun endlich als der versprochene Messias und Erlöser gekommen ist, um sie zu erlösen.

Und der Apostel Paulus predigt seinen Juden : „ Mit Jesus von Nazareth ist der ersehnte Messias und Erlöser auf die Erde gekommen und an den müssen wir glauben, denn nur er kann uns erlösen."

Aus Jesus von Nazareth war der Sohn Gottes Jesus Christus geworden.
Die damaligen Menschen nahmen das so hin, wie es Gott gesagt hatte, denn was ein Gott sagt, das ist wahr und muss geglaubt werden. Für sie war wichtig, dass der Sohn Gottes nun endlich zu ihnen als Mensch gekommen war.
Nun konnte der Sohn Gottes mit seiner Arbeit beginnen und die Botschaft des Vaters predigen.

Die Schreiber mussten nun alle Ereignisse, die dem Menschwerden des Sohnes Gottes folgten, in Geschichten erzählen.
So kann man schon fragen, ob das, was in der Bibel steht, auch die Worte Christi sind. Sie mussten aus der Erinnerung diese Ereignisse rekonstruieren und so entstanden viele „Vielleichtgeschichten", so könnte es gewesen sein.

Das Leiden und die Kreuzigung, die Auferstehung und Himmelfahrt des Sohnes bekommen in der Lehre eine dominante Bedeutung.
Sie wurden der Kernpunkt für den christlichen Glauben.
Der Christ muss glauben, dass Jesus Christus für ihn das Sühneopfer gebracht hat, damit er wieder von der Erbsünde befreit wird

und die Gnade und Liebe des Vaters bekommen kann. Der Vater ist versöhnt, der Mensch kann wieder seine Gnade und Liebe empfangen.

Der Christ muss sich taufen lassen (Wiedergeburt) und die Botschaft Gottes befolgen. Diese erfährt er durch die Kirche, denn nur sie ist berechtigt, diese Botschaft zu verkünden und zu offenbaren. Wie der Papst als Stellvertreter Gottes auf Erden und als letzte Autorität in Glaubensfragen diese Botschaft verkündet, ist richtig und muss geglaubt werden.

Wie die Kirche entstand.

Auch da erfahren wir in der Bibel, dass Jesus sie selbst gegründet hat.

Wir können lesen, wie das vor sich ging.

Jesus sprach zu Petrus: „Du bist Petrus der Fels, und auf diesen Felsen will ich meine Kirche bauen".

Petrus und seine Apostel sollten seine Botschaft den Menschen kund tun.

Petrus hatte als Stellvertreter Gottes auf Erden göttliche Macht bekommen. Was er auf Erden binden oder lösen wird, wird auch im Himmel gebunden oder gelöst sein.

Durch diese göttliche Einsetzung der Kirche bekamen der Papst, die Bischöfe und die Priester eine besondere Weihe und Würde und bei den Menschen ein großes Ansehen.

Was sie verkünden und predigen ist das Wollen Gottes und muss geglaubt und verwirklicht werden.

Ich sehe das Werden der Kirche etwas anders.
Im römischen Reich und im Vorderen Orient waren viele christliche Gemeinden entstanden.
Diese Gemeinden hatten sich schon zur Zeit der Apostel Älteste oder Aufseher oder Bischöfe gewählt, die ihnen vorstanden. Die Bischöfe wurden allein die autorisierten Nachfolger der Apostel. Es gab viele christliche Gemeinden, und die Bischöfe wollten wissen, welcher von ihnen der eigentliche Nachfolger von Petrus ist. Der Bischof von Rom beanspruchte diese Nachfolge, setzte sich auch durch und wurde später der Papst. Der römische Bischof war und ist also immer der Nachfolger von Petrus.
Ich meine, dass die Kirche aus einer Notwendigkeit heraus entstanden und gegründet wurde. Es ging nicht mehr ohne Organisation, wenn die vielen Gemeinden eine Einheit bleiben sollten. Jede menschliche Gemeinschaft hat und braucht eine Verwaltung, und die schaffen sich die Menschen selbst.

Der Aufbau der Kirche ist klar. Der Papst, die Bischöfe und die Priester (die hat man dazu geholt und mit einer besonderen Weihe versehen) bilden die Hierarchie der Kirche.
Natürlich haben die Päpste, Kardinäle, Bischöfe und Priester eine größere Autorität, ein größeres Ansehen, wenn sie ihre Ämter und ihre Aufgaben von Gott selbst bekommen haben und eine besondere Weihe erhalten. Der Papst ist der Stellvertreter Gottes auf Er-

den und die Bischöfe sind die Nachfolger der Apostel. Sie bilden zusammen den Priesterstand, die übrigen Menschen bilden den Laienstand.

Der Priesterstand steht durch die göttliche Weihe über dem Laien-stand.
Und mit dieser geordneten Hierarchie beginnt die Kirche neben dem Staat eine zweite Macht zu werden. Die Päpste arbeiten am Anfang mit den Kaisern gut zusammen. Doch bald gab es Schwie-rigkeiten, und die Päpste beanspruchten die ganze Macht, auch die weltliche.

Das Ereignisse der Auferstehung und Himmelfahrt wurden erst später geschrieben und dann den Evangelien zugefügt.

Wir haben nun die wichtigsten Ereignisse der Lehre kennengelernt und erkannt, dass in ihr viele Ungereimtheiten und Geheimnisse sind, so dass man schon Kritik üben kann und darf.

Doch ehe man das tut, sollte man wissen, dass in der damaligen Zeit die Wahrheit und Genauigkeit nicht so ernst genommen wur-den wie heute.
Alle geschriebenen Texte über Gott dienten damals nur einem Zweck, nämlich der Religion. Die damaligen Schreiber interessier-ten die Tatsächlichkeiten, die Wirklichkeiten der Ereignisse nicht. Es kam nicht auf genaue Wahrheiten, nicht auf genaue orts- und zeitliche Angaben an, sondern sie interessierte nur die geistige

und religiöse Wirkung ihrer Texte. Die Ereignisse mussten so gestaltet werden, dass sie bei den Menschen ankamen und verstanden wurden.
Diese Ungenauigkeiten und Fälschungen der Wahrheit waren für die damaligen Menschen bedeutungslos.

Wir wissen, dass es über 1000 Jahre gedauert hat, bis der endgültige Kanon feststand. Es wurde verändert, ergänzt, neue Geschichten kamen dazu, andere wurden weggenommen. Die Bibel entstand wie ein Mosaikbild, bei dem man Steine austauschen konnte.
Dazu kam, dass die Ereignisse von den Schreibern mit ihrem damaligen Wissen und Können für ihre Mitbürger geschrieben wurden und dem Denken und der Sprache dieser Zeit entsprechen mussten.
Diese Erkenntnisse sollten bei einer Kritik schon berücksichtigt werden.
Trotzdem gibt es am WERDEN der christlichen Lehre viel zu beanstanden.
Meine Kritik bezieht sich nur auf das Werden der neuen Religion, nicht auf den Wert und die Bedeutung der Lehre.

Was kann man an der Lehre bemängeln ?
Für mich sind es folgende Punkte:
1. Die Kirche behauptet und verkündet einfach, die christliche Lehre ist die einzig richtige und wahre. Basta!

Die Gründe für diese Behauptung sind nicht überzeugend. Gott ist nicht selbst Mensch geworden und hat seine Botschaft verkündet, sondern sein Sohn.

2. Für die Menschwerdung brauchte man noch zwei weitere Götter (den Sohn und den Heiligen Geist).
   Beide sind Geschöpfe des Vaters. Ein Geschöpf kann kein Gott sein, da es ein Schöpfer geschaffen hat. Das „GOTTSEIN" beider Götter überzeugt nicht.

3. Gott wird bis ins Mittelalter nicht in seiner ganzen Größe und Macht offenbart, sondern man beantwortete nur die Frage „WER" hat die Welt erschaffen ? Das Warum, der Sinn und der Zweck, die Bedeutung seiner Schöpfung blieben unbeantwortet. Das hing mit ihrem Wissen zusammen. Man kannte noch nicht alle Kräfte Gottes. Seit Kopernikus und die anderen Wissenschaftler kennt man aber auch die Kräfte der Natur, und trotzdem wird immer noch nach dem alten Schöpfungsbericht gearbeitet, man hat ihn nicht verändert. Der Gott der Religion ist nicht der ganze Gott mit all seinen Kräften.

4. Gott selbst und seine Botschaft wurden oft falsch erkannt und offenbart.

5. Der unsichtbare Gott kann nicht mit einem Namen erklärt und definiert werden, sondern er ist nur in seinem Können, in dem, was er geschaffen hat, in seinen Werken, in seinen Geschöpfen, in seiner Schöpfung in seiner ganzen Größe und Autorität zu erkennen. Es sind seine Kräfte, durch die die Welt wurde.

6. Die Zweiheit des Menschen, die Menschwerdung des Soh-nes, die Erbsünde, die Auferstehung und das Jenseits sind für den Gläubigen nur schwer oder gar nicht zu verstehen. Die christliche Religion ist keine verständliche Religion, es muss zu viel geglaubt und in der Bibel gesucht werden.
7. Der Anspruch, die einzig richtige und wahre Religion zu sein, kann nicht überzeugend begründet werden.
8. Die Macher der neuen Religion sind von falschen Vorstellun-gen und Voraussetzungen ausgegangen.
9. Die Päpste haben die Bedeutung und den Sinn der Wissen-schaften nicht erkannt und ihre Erkenntnisse nicht ernsthaft geprüft. Es kann auch sein, dass der damalige Papst Urban der VIII. sie bewusst nicht zur Kenntnis nahm. Die Päpste sa-hen in den Wissenschaften ihre Feinde, die man nicht dulden durfte und bekämpfen musste.
10. In der Lehre findet man viele Unwahrheiten. Zum Beispiel hat der Evangelist Matthäus sein Evangelium nicht selbst ge-schrieben, das haben andere getan. Wir finden in den Evan-gelien unterschiedliche Darstellungen mancher Ereignisse.
11. Der Hl. Augustinus sagt : „Wenn der Mensch zu Gott finden will, muss er sich vom Materiellen lösen und dem Geistigen zuwenden." Das könnten theoretisch gesehen nur Einsied-ler, Priester, Bischöfe und der Papst, aber die brauchen auch materielle Dinge, um leben zu können.
Der normale Mensch braucht das Materielle leider auch für sein Leben.

12. Verstehen kann ich nicht, warum die Kirche am ZÖLIBAT festhält. Die Kirche gestattet zwar, dass der Priester zwei Kinder zeugen darf, für die sie dann aufkommt. Sie nimmt auch in Kauf, dass Priester an ihnen anvertrauten unschuldigen Kindern sexuelle Handlungen verüben oder sie sexuell missbrauchen. Sie nimmt in Kauf, dass diese Priester selbst und unschuldige Jugendliche ihr ganzes Leben mit dieser Tat belastet sind.

Jesus Christus hat nicht gefragt, ob seine Jünger verheiratet sind. Erst der Heilige Augustinus hat in seiner PRIESTERREGEL festgelegt, dass die Priester keinen Besitz haben dürfen und ledig bleiben müssen. Im 11. Jahrhundert wurde diese Regel nochmal erneut bestätigt.

13. Längst erledigt sollte die Frage sein: Dürfen Frauen auch „Priesterinnen" werden?

Gott hat alle Menschen gleichwertig und gleichberechtigt erschaffen. Bei Jesus Christus gab es Predigerinnen und Apostellinnen. In der Bibel finden wir sehr wenig über Frauen.

Der Apostel Paulus sagt über die Frauen:

„Der Mann ist Abbild und Abglanz Gottes, die Frau Abglanz des Mannes. Die Frau stammt vom Mann ab, der Mann wird durch die Frau geboren" (Das war der Grund, dass die Frauen bis heute um ihre Gleichberechtigung kämpfen müssen. Gott hat sie bereits vorweggenommen).

Die Kirche grenzt durch ihr Verhalten Frauen aus, die Botschaft des Schöpfers zu predigen, obwohl Priestermangel besteht.

14. Die Kirche verschweigt, dass jeder Mensch schon einen Richter in sich hat, der ihm sofort sagt, ob er Falsches tun will. Dieser Richter ist unser GEWISSEN.
Es scheint so zu sein, dass heute viele Menschen gar nicht mehr wissen, dass sie ein Gewissen haben. Wir sprechen von gewissenlosen Menschen.
Tu ich Gutes, habe ich ein ruhiges Gewissen, tu ich Böses habe ich ein schlechtes Gewissen.
Das Gewissen ist für mich eine große Hilfe, um mein Leben richtig gestalten zu können.
Der Volksmund sagt; „Ein ruhiges Gewissen ist ein sanftes Ruhekissen."

Das sind Punkte, die nicht dazu beitrugen, dass eine verständliche Lehre entstehen konnte.

Für die christliche Lehre war noch eine Frage zu beantworten:

Nach der Kirche ist die Bibel das Wort Gottes. Gott aber ist unsichtbar und ein übernatürliches Wesen. Seine Worte sind also auch übernatürliche Wahrheiten.

Es wurde gefragt: Können wir Menschen überhaupt diese übernatürliche Botschaft Gottes verstehen und begreifen?

Die Kirche sagt: Wir Menschen können mit dem Licht unseres Verstandes ALLEIN die Botschaft Gottes NICHT verstehen, wir brauchen seine Hilfe dazu.

Diese Frage musste beantwortet werden.

Wir Menschen haben einen Verstand, mit dem wir etwas erkennen können. Doch dieser reicht nicht aus, um die übernatürlichen Worte zu verstehen. Deswegen hat uns Gott noch seine Offenbarung gegeben, die uns helfen soll, sein Wollen zu begreifen. Uns stehen also zwei Hilfsmittel zur Verfügung: unsere Vernunft und die Offenbarung Gottes, die uns von der Kirche ausgelegt wird. Die Theologen mussten klären, wie sich menschliche Vernunft und christliche Offenbarung zueinander verhalten.

Der Theologe Anselm von CANTERBURY sagt :
Denken und Glauben (Offenbarung) sind gleichberechtigt und gehören zusammen. Beide sind notwendig, damit wir die Botschaft Gottes verstehen können.

Der Theologe Wilhelm von OCKHAM meint : Beide haben miteinander gar nichts zu tun. Vernunft und Offenbarung gehören auseinander, lassen sich nicht vereinen. Beide haben ihre eigene Wahrheit .
Franziskaner und Dominikaner streiten sich weitere 200 Jahre lang, um diese Frage zu beantworten.

Nach DESCARTES (1669 - 1650) - (es ist die Zeit des Aufbruchs in die MODERNE) ist der Mensch in der Lage, RICHTIG zu erkennen. Jesus hat eine vernünftige Religion verkündet. Seine Anhänger haben sie aber oft verfälscht.

Kritiker gehen hart mit der Kirche um.
Der Philosoph und Theologe KIERKEGAARD wirft der Kirche eine völlige Umbildung und Missachtung der christlichen Botschaft vor.

Das sind unterschiedliche Erkenntnisse, die uns nicht klüger machen und wenig helfen und weiterbringen.

Uns bleiben nur zwei Möglichkeiten, entweder wir leben mit der Offenbarung, die uns die Kirche anbietet, in der Tradition also, oder wir schaffen uns selbst ein Bild von Gott und seiner Botschaft, das wir verstehen und mit dem wir leben wollen. Die Voraussetzungen dazu haben wir.
Auf keinen Fall darf uns eine bestimmte Meinung aufgezwungen werden. Jeder Mensch muss die Freiheit haben, sein Leben selbst so zu gestalten, wie er es für notwendig und richtig hält und in seinem Tun und Lassen niemand schadet. Wir müssen lernen, unsere Entscheidungen selbst zu treffen.

Nach der KRITIK nun zur BEDEUTUNG und den Werten der christlichen Religion.

Was hat die Botschaft Gottes uns Menschen und der Welt Positives gebracht?

In der Botschaft müssen wertvolle Gedanken sein, die viele Menschen überzeugten. In dieser Botschaft finden wir alles, was uns Gott an Hilfen geben kann. Wir müssen sie nur suchen und richtig verstehen.
Christus selbst hat das, was er uns sagen will, in seinem Tun und Lassen, in seinem Leben nicht nur gepredigt, sondern gelebt und verwirklicht .
Seine Gottheit bewies er, indem er Wunder wirkte, Kranke heilte, böse Geister austrieb, Brot und Fische vermehrte, aus Wasser Wein machte.
Den Menschen zeigte er völlig neue Wege und Möglichkeiten für ihr Zusammenleben und die eigene Lebensgestaltung.

Was war anders und neu ?

Jesus suchte in Gesprächen Jünger und Anhänger zu gewinnen. Durch sein Tun, sein Wirken gewann er Mitstreiter. Mit ihnen zog er in einer kleinen Gruppe von Ort zu Ort und predigte die Botschaft des Vaters. Er kümmerte sich um die Armen, Bedürftigen und besonders um die Kinder. Er prangerte die sozialen Missstände im Lande an, sagte den Parteien, was sie falsch machen und verärgerte sie. Er vertrieb die Geldwäscher aus dem Tempel, warf den Hohen Priestern und Schriftgelehrten vor, ihrer Aufsichtspflicht nicht sorgfältig zu erledigen. Er beklagte die großen Unterschiede zwischen arm und reich und verärgerte dadurch die Politiker und die Parteien.

Seine Anhänger verkauften ihren Besitz und gaben den Erlös in eine gemeinsame Kasse. Es gab also keinen Unterschied zwischen arm und reich, zwischen Mann und Frau (das gefiel vor allem den Frauen, die damals noch nichts zu sagen hatten. Sie waren nun gleichberechtigt und gleichwertig. Vielen gefiel das, und sie schlossen sich der christlichen Gruppe an).

Alle lebten friedlich in einer Großfamilie zusammen, teilten alles was sie hatten.

Sie waren für einander da, lösten die Probleme gemeinsam. Sie ertrugen Verleumdungen, Verfolgungen, Leid und Elend und gingen für ihren Glauben sogar in den Tod.

Dieses gemeinsame Tun, dieses friedliche Zusammenleben, diese Breitschaft für ihren Glauben zu sterben, das überzeugte viele Menschen und sie wurden Christen.

In dieser Gemeinschaft gab es Gerechtigkeit.

Ein solches gemeinsames Leben war wünschenswert und sollte verwirklicht werden.

All das, was wir Menschen in unserem Dasein brauchen, wurde in der kleinen Urgemeinde in Jerusalem bereits verwirklicht und gelebt.

Damit ist aber die Bedeutung des Christentums noch nicht erschöpft.

Es entstanden viele Mönchsorden, in denen Männer zusammen-
lebten mit dem Ziel zu beten und zu arbeiten und so Gott zu dienen.
Diese Mönche mussten sich dort, wo sie sich niederließen, selber
zurechtfinden und versorgen.

Einzelne Mönche waren für bestimmte Bereiche zuständig. Sie
entwickelten besondere Fähigkeiten und spezialisierten sich. So
entstanden Fachleute. Das waren die Vorläufer für viele spätere
Berufe.
In den Bereichen der Landwirtschaft, Forstwirtschaft, im Bauwe-
sen, der Behandlung von Krankheiten wurden grundlegende
Kenntnisse erworben und erfolgreiche Versuche gemacht.

Schwerpunkt in den Klöstern war der kulturelle Bereich. Die Biblio-
theken der Klöster zeugen von der großen Kunst in der Herstellung
von wertvollen Büchern. Wir finden in ihnen das gesamte Wissen
der damaligen Zeit.
Die Mönche zogen in fremde Länder, lernten andere Kulturen kennen. Es begann der Austausch von Gütern und Lebensmitteln.
Handelsbeziehungen brachten die Menschen enger zusammen.
Das Geldwesen erleichterte den Austausch von Gütern.
In Klöstern trafen sich Kaiser und die großem Denker jener Zeit
und sprachen miteinander.

Könige und Kaiser wurden Christen und unterstützten die Religion,
indem sie mächtige Dome und Kirchen bauen ließen. Dazu holten

80

sie sich die bedeutendsten Architekten, Baumeister und Handwerker, die es damals gab.

Das Christentum wurde zur Staatsreligion. Kaiser und Christentum schufen zusammen eine gewisse Ordnung für ihren Staat. So kam christliches Gedankengut auch in die Gesetzgebung.

Die europäische, abendländische Kultur ist christlich fundiert.

Das Christentum hat unsere ganze Kultur durchsetzt, hat unsere Sprache mit ihren Redewendungen beeinflusst, unsere Vorstellungswelt geprägt, begegnet uns in der Musik und Kunst.

Christliche Einrichtungen wie Innere Mission, Kolpingfamilie und viele andere wurden gegründet und betreuen heute noch Hilfsbedürftige und Arme.

Mit dem Christentum begann eine neue Zeit im Leben der Menschheit.

Das Christentum wurde für das Leben der Menschen und für das Zusammenleben der Menschen von großer Bedeutung, es wurde zur größten Religion der Welt.

Wie es dazu kam, das wollen wir nun kennenlernen.

Die Gründe für das rasche Wachstum des Christentums.

Überraschend ist die Tatsache, dass diese kleine Christengemeinde in kurzer Zeit zur größten Religion der Menschheit wurde.

Jesus hat am Anfang seiner Tätigkeit als Prophet und Prediger immer wieder Rückschläge hinnehmen müssen. Es ist nicht leicht, eine neue Religion zu gründen und Anhänger zu gewinnen, es sei denn, die politischen, sozialen und kulturellen Gegebenheiten der Zeit verlangen und erlauben „ NEUES".
So entstanden damals viele Gemeinden mit verschiedenen Offenbarungen und die stritten sich darum, welche die richtige sei.
Das Christentum war lange nur eine Sekte wie viele andere.

Erst nach der Hinrichtung Jesu traten viele Menschen der neuen Lehre bei, weil sie die Verurteilung als ungerecht empfanden. Die Zahl der Gläubigen wuchs und so konnte sich die christliche Lehre gegen andere religiöse Strömungen durchsetzen.
Günstig für das Anwachsen der neuen Lehre war die Tatsache, dass viele Juden die ersehnte Ankunft des Sohnes Gottes, des Messias und Erlösers bald erwarteten. Sie ließen sich taufen und traten dann zum Christentum über.
Erwartet wurde auch der baldige Untergang der Welt und ein neues Reich Gottes, in dem wieder mehr Ordnung uns Sicherheit herrschen würde.

Dazu kam, dass die Juden und ihr Land unter der römischen Besatzungsmacht litten. Die politische Lage war nicht stabil und brachte für die Menschen Unsicherheit und Unzufriedenheit und viele Nachteile.

In dieser Zeit predigte und taufte der Jude Johannes der Täufer am Jordan. Er rief zur Umkehr auf und viele Juden ließen sich taufen. Viele Juden hatten nichts gegen eine neue bessere Religion. Mit Jesus war nun der Sohn Gottes, der Erlöser und Heilbringer endlich gekommen, hatte mit seinem Tun und Lassen viele Menschen überzeugt und einen guten Eindruck hinterlassen. Mitte des 2. Jahrhunderts gab es im römischen Reich zahlreiche christliche Gemeinden. Für die römischen Herrscher waren sie ein Dorn im Auge, denn die Christen lehnten es ab, Steuern zu zahlen und Kriegsdienste zu leisten und verweigerten jede Zusammenarbeit mit der Regierung. Die Christen brachten also Unruhe ins Reich und galten als Unruhestifter und Aufwiegler. Das Verhältnis der Christen zu den Regierungen und zum Kaiser war belastet. Als auch Verfolgungen und grausame Hinrichtungen nichts halfen, hat Kaiser KONSTANTIN im Jahre 311 n. Chr. einen wichtigen Entschluss gefasst. Im sogenannten TOLERANZEDIKT wurde allen religiösen Strömungen RELIGIONSFREIHEIT zugesagt und zugesichert. Die Christen waren „gleichberechtigte Bürger" geworden. Keine Verfolgungen mehr, kein Verstecken mehr.

Kurze Zeit später hat ein römischer Kaiser das Christentum zur STAATSRELIGION ernannt. Es gab nur noch eine Religion im Römerreich, nämlich das CHRISTENTUM.

DAS WAR DER ENTSCHEIDENDE DURCHBRUCH für das Christentum. Das Christentum war die einzige erlaubte und vom Kaiser gewollte RELIGION im Römerreich und den Provinzen. Das war der Hauptgrund für das nun einsetzende Wachstum der neuen Religion.

Vom Kaiser geschützt konnte sich das Christentum rasch ausbreiten.
Die Germanen waren die ersten die bekehrt wurden. Dann folgten die Länder in Mitteleuropa und im Norden.

Das Christentum hatte sich mächtig ausgebreitet, Es wurde eine Organisation notwendig.
Es gab viele Gemeinden mit Bischöfen an der Spitze. So entstand ein Machtkampf, wer der erste, der oberste Bischof war.

Der Bischof von Rom beanspruchte bald die Oberherrschaft über die ganze Christenheit.
Dem Bischof von Konstantinopel wurde im 5. Jahrhundert der Titel eines Patriarchen zugeteilt. Er war nun Gegenspieler des röm. Bischofs (des Papstes) geworden. Das konnte nicht lange gut gehen.
Die Ostkirche ging ab 1054 eigene Wege. Konstantinopel wurde das zweite Rom. Das Christentum hatte sich gespalten.
Der Höhepunkt des Christentums liegt zwischen dem 11. und dem 14. JAHRHUNDERT: Das war die BLÜTEZEIT des CHRISTENTUMS.

Die Kirche war stark und mächtig geworden.

Diese Zeit war geprägt vom christlichen Gedankengut. Nicht nur in Europa, sondern im ganzen Abendland.

Theologen und die Kirche verkünden, dass die Theologie die einzige Wissenschaft sei, der sich Philosophie und alle andern Wissenschaften unterzuordnen haben, der Theologie als Mägde dienen müssen. Ihre Aufgabe ist es, die Wahrheit der christlichen Theologie zu beweisen und zu verteidigen.

Die Machtstellung der Päpste war groß. Gregor und Innozenz beanspruchten oberster Richter zu sein, auch in weltlichen Dingen.

Die Verweltlichung der Kirche

Natürlich gab es in dieser raschen Ausbreitung auch Dinge, die man nicht gut heißen kann und die mit Gottes Botschaft nicht vereinbart werden können.

Die Missionare haben oft mit Gewalt das zerstört, was den Menschen bisher heilig war. Sie haben ihre Götter lächerlich gemacht.

Einzelne Herrscher haben mit Gewalt ihrem Volk den eigenen Glauben aufgezwungen (Karl der Große den Sachsen, Fürsten im Absolutismus).

Und das war nicht gut. Im Namen Gottes zogen in den Kreuzzügen Tausende Menschen nach Jerusalem, um die Heilige Stätte von den Ungläubigen zu befreien. Auf dem Weg dorthin und dann in Jerusalem selbst wurden unschuldige Menschen ermordet. Es wurde geplündert und zerstört.

Und das alles geschah im Auftrag des Papstes. Er rief zum 1. Kreuzzug mit den Worten „GOTT will es!" auf.

In der Botschaft Gottes gibt es keinen Hinweis, der den Menschen erlaubt, mit Gewalt und Mord und Plünderungen seine Botschaft zu verkünden oder Kriege zu führen.

Damit wir die christliche Religion besser verstehen, möchte ich noch ein paar BEGRIFFE deutlicher machen.

Da ist einmal der Begriff GLAUBE.

Der Volksmund sagt: Glauben heißt nichts wissen, aber auch: Der Glaube versetzt Berge.
Es scheint so zu sein, dass der Begriff nicht eindeutig empfunden und verwendet wird.
Das Wort GLAUBE ist vom griechischen Wort „pistis" abgeleitet und bedeutet Treue, Vertrauen. Es zielt hin auf Gehorsam und Vertrauen.

Christlicher Glaube ist Hinwendung zu Gott und Abwendung von sich selbst.
„Glaube ist Festhalten in dem, was man erhofft, ist überzeugt sein von Dingen, die man nicht sieht" (sagte ein Apostel).

Papst Benedikt der XVI. meint: Der Glaube muss in jeder Generation neu gefunden und gelebt werden.
Das Judentum, das Christentum und der Islam glauben an einen Gott.

Die Hindus glauben, dass die Welt seit ewigen Zeiten besteht und keinen Anfang und kein Ende hat.

Ihr Glaube erlaubt jedem Menschen, mehrere Götter gleichzeitig zu verehren.

Buddha ist aus eigener Kraft und Meditation zu seinen Erkenntnissen gekommen. Er glaubt :Alles SEIENDE und alles WERDENDE ist vergänglich.

Für den Islam gilt: Glaube ist Hingabe an Gott, Ergebung in Gottes WOLLEN.

Die Christen sehen in der Tradition ihre Glaubensregel.

Als Christ müssen wir glauben:

1. Alles, was de Papst uns sagt und wie er es sagt, müssen wir glauben, denn er ist der Stellvertreter Gottes auf Erden und die einzige Autorität in Glaubensfragen

2. Wir müssen glauben, dass Jesus Christus für jeden von uns das Sühneopfer gebracht hat, um uns von der Erbsünde wieder zu befreien und das gestörte Verhältnis zum Vater wieder in Ordnung zu bringen, damit wir wieder seine Gnade und Liebe bekommen können.

3. Der Christ muss sich taufen lassen (Wiedergeburt) und muss die Gebote Gottes beachten und befolgen.

Nun besteht aber die Kirche aus Menschen, und die sind wohl nicht unfehlbar, auch dann nicht, wenn ihnen Gott mit seiner Inspiration hilft.

Der Glaube kann also auch vielseitig ausgelegt werden. Das bedeutet, dass jeder gläubige Mensch sich seinen Glauben selbst suchen muss, damit er sein Leben richtig gestalten kann. Er darf sich nicht damit begnügen das zu tun, was andere ihm sagen. Was ich glaube ist für andere nicht verbindlich.

Glaube darf nicht verordnet werden, er muss verstanden und im Leben verwirklicht werden.

Der Begriff STRAFE.

Ich meine, dass alle Menschen erwarten, dass Vergehen, Unrecht tun bestraft werden muss. Und das geschieht auch durch die staatliche Gesetzgebung und Gerichtsbarkeit im irdischen Leben.

Die Strafe sollte gleich nach der Tat oder dem Vergehen verbüßt werden.

Jetzt hat der Sünder Zeit, über sein Vergehen nachzudenken und es zu bereuen. Diese Zeit ist sehr wichtig. Das Urteil muss also dem Bestraften Zeit zum Nachdenken geben.

Im Christentum erfahren wir aber, dass wir zwei Leben haben, das irdische auf der Erde und das ewige nach dem Tode im Jenseits. Und erst dort erfährt unsere unsterbliche Seele das Urteil über ihr Tun und Lassen auf Erden und wird nochmal belohnt oder bestraft, und das sofort und für ewig.

Die unsterbliche Seele kann nichts mehr tun, nicht mehr bereuen und sich bessern.

Diese Strafe im Jenseits ist für mich überflüssig, sie erfüllt den Sinn der Strafe nicht. Die Seele kann nicht mehr bereuen und sich besseren. Und warum zweimal Strafe für das gleiche Vergehen ?

Für den Christ ist das zweite Leben wichtig, denn er erreicht sein Ziel die „EWIGE SELIGKEIT" erst dort im Jenseits. Das Diesseits dient nur dazu, so zu leben, dass die unsterbliche Seele mit einer guten Bilanz dorthin kommt. Und dann ist nicht sicher, ob sie trotz einer guten Bilanz zu Gott in den Himmel kommen, denn Gott sucht sich die aus, die zu ihm kommen dürfen. Dabei spielt es keine Rolle, ob sie Gutes oder Böses getan haben.

Der Begriff INSPIRATION.

Als die Verfasser der Heiligen Schriften anfingen zu schreiben, war Jesus schon 70 Jahre tot. Weder er noch seine Apostel hatten etwas über sein Tun und Lassen aufgeschrieben. Jesus hat aber den Schreibern versprochen, ihnen mit seiner Inspiration zu helfen. Er sagte jedem, was und wie er schreiben sollte.
Die Inspirationslehre hat sich erst im Laufe der Jahrhunderte entwickelt. Man versuchte immer wieder mit neuen Definitionen sie den Menschen zu erklären und verständlich zu machen.
Im 4. Jahrhundert wurde der Ausdruck verwendet: Gott sei der Verfasser der Heiligen Schrift.
Die Kirchenväter bezeichneten die biblischen Schreiber auch als „Werkzeuge Gottes" oder als „seine Feder" oder „Sekretäre". Im Buch der Weisheit lesen wir: „Zur Abfassung der Heiligen Bücher hat Gott Menschen erwählt, die ihm durch den Gebrauch ihrer eigenen Fähigkeiten und Kräfte dazu dienen sollten, all das und nur das, was er von ihnen und durch sie wirksam geschrieben haben wollte, als echte Verfasser schriftlich zu überliefern".

Das 2.Vatikanische Konzil gesteht den Schreibern zu, dass sie sich ein   Thema wählen und in ihrer Sprache schreiben und dabei manches aus ihrem Leben einfließen lassen und ganz Kinder ihrer Zeit sind (in den Texten sind auch menschliche Meinungen, nicht nur Worte Gottes).

Die Einwirkung Gottes besteht nicht nur darin, dass er den Menschen beauftragt oder in einem bestimmten Sinne führt. Er öffnet dem Schreiber Herz und Geist, dass er die wichtigen Fragen richtig begreift und beantworten kann.

Dabei muss das dem biblischen Schreiber gar nicht bewusst sein. Die kirchliche Gemeinde entscheidet, ob der Text kanonisch ist oder nicht.

Es lässt sich sagen: Ein biblisches Werk hat nicht nur einen Menschen sondern zugleich auch Gott zum Verfasser. Gott wirkt auf den Verfasser ein, ohne dass dieser dadurch seine Eigenständigkeit verliert oder darin gemindert wird. Doch es ist die göttliche INSPIRATION, die seinem Werk die Autorität verleiht, was aber der Verfasser nicht wissen kann, sondern der Kanonisierung der Gemeinde bedarf. Dieses Buch ist dann eine uns von Gott geschenkte Grundlage des Glaubens und feste Richtlinie für unsere Lebensgestaltung.

Die Bibel hat also GÖTTLICHE AUTORITÄT.

Die OHRENBEICHTE.

Wir Menschen werden in unserem Dasein immer wieder Gebote und Verbote und Vorschriften nicht befolgen. Das belastet uns und wir erwarten, dass wir dafür auch bestraft werden.
Für weltliche Vergehen werden wir durch die staatlichen Gerichte bestraft.
Wenn wir gegen religiöse Gebote sündigen, dann können wir in der Ohrenbeichte wieder die Absolution bekommen.
Wie ist es nun bei der Beichte?
Ich sage dem Priester, dass ich meine Sünden bereue, beichte meine Sünden. Der Priester gibt mir einige Worte zum Nachdenken und gibt mir eine Buße auf, dann erteilt er mir die Absolution. Ich atme auf, wieder ohne Sünde zu sein.

Jetzt kommt das ABER.
Der Priester kann nicht prüfen, ob ich meine Sünden auch wirklich bereue, ob ich sie alle gesagt habe, ob ich meine Buße auch verrichte. Ich kann ihn also anlügen und bekomme doch die Lossprechung.

Wenn ich von der Beichte höre, fällt mir ein echtes Erlebnis aus meiner Kindheit ein.
Für mich waren die Tage vor der Beichte sehr schlimme Tage. Nicht weil ich so viele Sünden hatte, sondern ich fand zu wenige und machte dann noch einige dazu, damit es sich lohnte zu beichten. Ich log den Priester an und machte mich zu einem größeren Sünder, als ich war.

Diese Lüge hat mich damals schon sehr belastet und mich zum Nachdenken über den Sinn der Beichte veranlasst.
Für mich ist die Beichte ungeeignet, den Sinn der Strafe zu erfüllen. Martin Luther hat dies auch schon eingesehen und in seiner Lehre die Ohrenbeichte weggelassen.

Eine saubere und ehrliche Sache ist für mich folgender Weg.

Der Schöpfer hat jedem Menschen einen eigenen Richter geschenkt, der ihm sofort sagt, wenn er etwas falsch gemacht hat. Dieser RICHTER ist mein GEWISSEN !

Wenn ich gesündigt habe, meldet sich sofort mein Gewissen und sagt mir, das hast DU falsch gemacht. Ich beginne darüber nachzudenken, was es sein könnte, erkenne die Ursache für mein Vergehen und bekomme ein schlechtes Gewissen, das mich zwingt, meinen Fehler zu bereuen und eventuell wieder gut zu machen. Das schlechte Gewissen ist für mich die Strafe für mein Vergehen. Habe ich echt bereut und mir vorgenommen, nicht wieder zu sündigen, dann beruhigt sich mein Gewissen, und das ist für mich die Absolution.

Mein GEWISSEN ist für mich die Beichte. Das Gewissen ist für mich der Wegweiser für mein TUN und Lassen.
Ich begehe eine Sünde auf der Erde und möchte, dass ich dafür auch gleich bestraft werde. Und das werde ich durch die Gesetze des Staates und durch mein Gewissen. Ich brauche nicht zu war-

ten bis zum JÜNGSTEN Gericht im Jenseits. Ich kann nur auf der Erde sündigen und werde dafür bestraft. Ich kann nur sündigen, solange ich lebe. Ich kann auch die Botschaft des Schöpfers nur auf der Erde verwirklichen und nur in der Zeit, in der ich am Leben bin. Ich sündige als ganzer Mensch und möchte als ganzer Mensch auch bestraft werden, und das geschieht auch bereits im Diesseits.

Der Schöpfer hat uns Menschen für die Erde geschaffen, nicht für das Jenseits. Nur auf der Erde muss und kann ich meine Aufgaben und Pflichten erfüllen.
Der Theologe BONHOEFFER sagt ganz deutlich, dass Gott auf der Erde zu suchen und zu finden ist und nicht im Jenseits. Nur auf der Erde kann ich ihm begegnen und seine Botschaft verwirklichen.

Ich habe mich gefragt, ob ein allwissender Schöpfer so kompliziert Denken und Handeln muss, wie es uns die Bibel sagt, um uns sein Wollen zu offenbaren. Solange er selbst gelebt und gepredigt hat, genügte sein Wort.
Warum verkündet die Kirche nicht „seine Worte", sein „Wollen" so, wie er es uns in seiner Botschaft klar gesagt hat ?
Er will ein Reich schaffen, in dem Gerechtigkeit für alle Menschen herrschen soll.
Die Bibel sagt doch, dass die Texte der Heiligen Schrift die Worte Gottes sind. Ich finde und erkenne sie in der Bibel nur ganz selten.

In der Bibel heißt es doch, dass der Schöpfer uns durch seinen ODEM lebendig gemacht hat.

Nun sind aber auch alle Tiere sehr lebendig. Und auch die hat Gott lebendig gemacht. Sie müssten also auch eine unsterbliche SEELE haben.

Die Theologen sind er Meinung, dass Tiere auch eine Seele haben, aber die stirbt mit ihnen und ist nicht unsterblich. Hat Gott ihnen einen anderen ODEM eingehaucht ?

Im nächsten Kapitel geht es nochmal um den Begriff GOTT.
Wir kennen bereits die Entwicklung, wie die Menschen ihn gesucht und gefunden haben.
Ich möchte aber zeigen, wie die Kirche ihn erkennt und uns offenbart.

Wir können in der Bibel lesen:
„Gott ist das einzige, unveränderliche, allein durch sich selbst existierende, absolut vollkommene Wesen, von dem das All und alles, was in ihm ist, abhängt. Gott ist ein persönliches Geistwesen, allweise und allwissend, der Schöpfer der Welt, der Urheber ihrer Ordnung, ihr Gesetzgeber und Richter" .
Gott ist also der Schöpfer der Welt

Gott hat auch uns geschaffen, ist uns überlegen und es besteht eine tiefe Kluft zwischen ihm und seinen Geschöpfen. Er hat uns über Mose seine Botschaft in den 10 Geboten gegeben, nach denen wir leben müssen. Wenn wir sündigen drohen uns harte Strafen (Fegfeuer oder gar die Hölle). Gott verlangt unsere totale Unterwerfung unter sein Wollen.

Wir haben erkannt, dass wir Menschen immer noch keine einheitliche Definition für Gott haben und auch nie bekommen können.

Wir müssen erkennen, dass die Welt einen Anfang haben muss, geplant und verwirklicht wurde, dass bestimmte Gesetze im Universum wirken, so dass es immer Neues geben kann und geben wird.
Es muss am Anfang etwas oder jemand dagewesen sein, der mit seiner Klugheit, Weisheit, mit seiner Kraft und Macht die Welt geplant, erschaffen hat und erhalten will, denn sie hat ja auch eine Bedeutung und einen Sinn und Zweck.
Diesen unbekannten Kräften, haben wir Menschen den Namen GOTT gegeben. Und mit diesem Gott und seiner Botschaft lebten die Menschen bis ins 16. Jahrhundert und viele Menschen heute noch.
Gott ist also für uns Menschen unser Schöpfer, der in seiner Botschaft uns sagte, wie wir zu leben haben. Er achtet aber streng darauf, dass wir immer das tun, was er will. Tun wir das nicht, dann straft er uns hart. Wir haben keine Chance, unser Ziel zu erreichen, er entzieht uns seine Liebe und Gnade.

So zeigt uns die Kirche in ihrem Schöpfungsbericht Gott.
Dieses Bild von Gott hat den damaligen Menschen genügt. Sie hatten Gott gefunden und waren zufrieden.
Nur leben wir heute nicht mehr im Mittelalter, sondern im 21. Jahrhundert. Und seit dem Mittelalter hat sich vieles verändert.

Wir müssen uns fragen: Genügt dieses alte religiös fundierte Weltbild heute noch, um unsere Probleme zu lösen ? Dürfen wir so weiterleben, wie wir es taten und immer noch tun?

Wir haben heute ein anderes Bild von Gott. Er hat uns nach seinem Bild und Gleichnis erschaffen. Er hat uns einen kleinen Teil seiner Kraft und Macht geschenkt. Er sieht in uns einen Partner, den er so werden ließ, dass er eines Tages ihn selbst und seine Botschaft richtig erkennen kann.

Nun zur Frage: Dürfen wir so weiterleben wie bisher ?

Nach dem zweiten Weltkrieg begann eine neue Zeit für uns Menschen. Es schien so, als ob die Menschen endlich begriffen haben, dass Kriege führen, Gewalt und Macht nicht die Mittel sind, um eine friedliche Welt zu schaffen und unsere Probleme zu lösen. Aus Todfeinden wurden Freunde, gute Nachbarn. Der Kalte Krieg der Großmächte verschwand.
Es gab genug Arbeit, es gab Geld und es begann ein wirtschaftlicher Aufschwung.
Das waren wunderbare und gute Ansätze für eine sichere und lebenswerte Zukunft. Die Völker begannen eine politische und wirtschaftliche Zusammenarbeit. Den Menschen in den Industrieländern ging es gut. Die Wirtschaft boomte, der Wohlstand wuchs. Alles war gut, die Regierungen, die Politiker, die Industrie und die Religionen.

Solange es den Menschen gut geht, glauben sie, es ist alles in Ordnung.

Und so verliebten wir uns in diesen Fortschritt und Wohlstand.
Wir sahen in Rekorden, im Wohlstand, im Fortschritt, in Höchstleistungen, im Wachstum , in den technischen Geräten die Ziele, die es anzustreben galt, weil sie uns das Leben erleichtern und angenehmer machen.
Wir glaubten an eine wunderbare Zukunft, die uns ein immer angenehmeres und sorgloses Leben ermöglichen wird.

Wir erkannten nicht oder wollten es nicht erkennen, dass im Wohlstand und im Fortschritt große Gefahren verborgen sind. die unser Leben und die Natur zerstören können.
Wir vergaßen dabei auch, dass es Menschen und Völker gibt, denen es nicht so gut ging wie uns. Und dass das so ist, haben die Industriestaaten mit verschuldet.
Wir haben den heutigen Entwicklungsländern in der Kolonialzeit ihre Bodenschätze weggenommen und gestohlen. Sie brauchen heute unsere Hilfe, und die haben wir ihnen zu spät oder falsch gegeben.
Die Siegermächte haben nach dem 2. Weltkrieg in Vorderasien neue Staaten geschaffen, in denen verschiedene Volksgruppen leben mussten, die nicht zusammenpassten. Die Juden bekamen ein Gebiet zugesprochen, die Palästinenser nicht.
Die Folgen erleben wir heute. Die Staaten vertreiben ihre Minderheiten oder bringen sie um. Kriege werden geführt.

Wir haben immer gedacht, dass Fortschritt und Wohlstand nur Gutes für uns bringen. Wir waren blind für die Gefahren, die beide in sich bergen.
Wir haben viele unserer heutigen Probleme selbst verursacht.

Was haben wir alles falsch gemacht auf unserer Erde?

Wir merkten zu spät, dass wir mit unserem Tun und Lassen all das zerstören, was wir und unsere Nachkommen zum Leben brauchen.

Unsere moderne Landwirtschaft zerstört mit ihrer Monokultur, ihren giftigen Spritzmitteln und Riesenfeldern nicht nur unseren fruchtbaren Mutterboden, sondern sie verändern auch ganze Landschaften. Es gibt nur noch eintönige Felder ohne Hecken und Unkraut, ohne Feldblumen, die viele Insekten als Nahrung brauchen. Vögel finden keine Nistplätze, Jungtiere keinen Schutz mehr. Insekten, die so wichtig für die Bestäubung der Obstbäume und anderer Pflanzen sind, sterben aus. In den letzten 30 Jahren ist der Bestand der Insekten um 85 % zurückgegangen.

Anlass zur Sorge gibt uns die Massentierhaltung. In riesigen Hallen werden Tausende von Gänsen, Hühnern und Enten gehalten. Sie töten einander, und Krankheiten sind unvermeidlich. Schweine drängen sich in zu engen Ställen, beißen sich gegenseitig die Schwänze und Ohren ab. Großvieh ist mit Ketten angebunden und hat keinen Auslauf.

Erkrankt ein Tier, werden sofort Gegenmittel in das Futter gemischt, um Seuchen zu verhüten. Gelingt das nicht, müssen alle Tiere getötet werden (Hühnerpest, Schweinepest).
Die Eier der Hühner sind vergiftet, das Fleisch der Tiere ebenfalls, und wir essen Eier und Fleisch.
Wir selbst essen zu viel, bewegen uns zu wenig und schaffen uns neue Zivilisationskrankheiten. Arbeitsunfähigkeit und Frührentner sind die Folgen.

Das Zeitalter der Technik hat begonnen, bringt viel Gutes, aber wir werden immer abhängiger von ihr. Das Zeitalter der Technisierung hat begonnen und verändert und bestimmt in Zukunft unser Leben.
Die Computer, Roboter und Maschinen zwingen uns ihr Tempo, ihren Rhythmus auf, den wir nicht mitgehen können.
Da wir immer mehr und Neues haben wollen, zwingen wir die Industrie, die Hersteller, immer neue Geräte schnell zu produzieren und auf den Markt zu bringen, die nicht erprobt und ausgereift sind. Die Folge ist, dass wir Geräte bekommen, die nur wenige Jahre arbeiten. Eine Reparatur kostet mehr als ein neues Gerät oder es gibt keine Ersatzteile mehr.
So werden wir gezwungen, neue Geräte zu kaufen.
Damit wir neue Geräte kaufen, werden falsche Versprechungen und falsche Angaben gemacht. Wir werden angelogen und für dumm verkauft (siehe Autoindustrie).
Wir werden gezwungen, zu unseren Arbeitsplätzen mit dem Auto zu fahren, weil dieser Arbeitsplatz oft viele Kilometer vom Wohn-

ort entfernt ist und kein öffentliches Verkehrsmittel zur Verfügung steht.

Eltern können ihre Kinder nicht selbst in den wichtigen ersten Jahren erziehen und richtig betreuen, weil sie beide arbeiten müssen, um leben zu können.

Die staatliche Ordnung wird nicht mehr ernst genommen. Immer mehr neue Gesetze führen zur Verdrossenheit der Bürger. Unsere Freiheit wird immer mehr eingeengt.

Die Politiker versprechen im Wahlkampf Dinge, die sie nie erfüllen können. Sie sollten sagen, wir streben dies und das an, aber versprechen können wir nichts. Dann wäre es viel leichter, nach der Wahl eine Regierung zu bilden.

Sie sollten ihre Kraft dazu einsetzen, die Probleme der Zeit richtig zu lösen, sollten aufhören, sich gegenseitig zu beschimpfen und sich anzuschreien, sollten aufhören, mit lautem Geschrei ihre Argumente vorzutragen und zu begründen. Die Politiker sollten endlich den Ernst unserer Situation erkennen und zur Zusammenarbeit bereit sein und ihre Aufgaben wahrnehmen, die sie im Namen der Bürger zu erfüllen haben.

Die Atmosphäre verändern wir mit den Abgasen unserer Heizungen, Fahrzeuge und Luxusdampfern.

Wir vernichten damit nicht nur unsere Atemluft, sondern auch den Mantel, der uns vor den tödlichen Sonnenstrahlen schützt.

Wir vergiften unsere Gewässer, wir werfen unsere Abfälle, unsere Plastiktüten (es sind bereits über 8 Millionen Tonnen) hinein, und auch gesunkene atombetriebene U-Boote tragen dazu bei, das Wasser ungenießbar zu machen. Wir vernichten damit auch die Lebensbedingungen vieler Wassertiere und Wasserpflanzen, die wir für unsere Nahrung benötigen.

Wir führen wieder Kriege, missachten die Menschenrechte. Wir können jederzeit von Terroristen getötet werden, es gibt keine Sicherheit mehr. Altbewährte Strukturen zerfallen (Ehe, Familie).

Das technische Zeitalter, das begonnen hat und weitgehend schon unser Dasein beherrscht, hat zwar viele Erleichterungen für unser Leben gebracht, aber wir dürfen nicht zulassen, dass die Roboter uns zu „Maschinenmenschen" machen.

Unsere Probleme sind heute vielgestaltig und global und können nur noch gemeinsam gelöst werden. Das müssen endlich alle Menschen begreifen und bereit sein, mitzumachen, um unsere fatale Situation zu verbessern.

Wir leben im 21. Jahrhundert und sind klug und gescheit geworden, können aber mit unseren bisherigen Vorstellungen und unserem jetzigen Tun nicht mehr so weiterleben.

Unsere Zeit verlangt ein totales Umdenken und eine neue Wertordnung. Und da müssen alle mithelfen, dass wir eine neue Wertordnung finden, die alle Menschen akzeptieren können.

Wir brauchen heute eine Ordnung, in der alle Menschen gleichberechtigt leben können. Unsere bisherige religiös fundierte Wertordnung reicht nicht mehr aus, um das zu erreichen.

Unser größtes Problem ist heute, dass wir in einer Realität leben, in der wir nur anerkennen und wahrnehmen, was wir selbst gemacht haben und beweisen können. Wir leben in einer Wirklichkeit, in der wir die Wahrheit nur noch in dem sehen, was für uns nützlich ist, was uns Vorteile bringt und was für das Leben auf dieser Welt von Bedeutung ist. Daneben gibt es nichts ANDERES mehr. Für einen Gott, einen Schöpfer, ein Leben nach dem Tode haben wir kein Verständnis mehr, das alles hat keine Bedeutung mehr.

Die Kirche aber sagt, dass das nur die eine Seite unseres Lebens betrifft, die vergängliche, materielle Seite. Das zweite Leben im Jenseits ist wichtiger, als das im Diesseits, sagt unser Glaube.

Es gibt heute nicht nur religiöse Menschen, sondern auch solche, die ohne Gott leben, und die dürfen nicht ausgegrenzt werden, die gehören dazu und können auch gut sein.

Wir müssen also neue Werte suchen.
Wir brauchen Ziele und Werte, die für alle Menschen gelten, egal ob religiös oder nicht.

Wir brauchen Grundwerte, zeitlose Werte, die von allen Menschen verstanden und akzeptiert werden, weil wir sie brauchen und weil sie für uns bedeutsam sind.

Und diese Werte gibt es. Wir haben nur nicht selbst nach ihnen gesucht. Erst wenn ich sie selbst erkenne, kann ich sie richtig verwirklichen und bin bereit dazu.
Es gab schon immer kluge Menschen, die uns Hinweise für die Gestaltung unseres Lebens gaben. Wir haben sie nur nicht beachtet und befolgt.
So hat schon vor zweieinhalb tausend Jahren der griechische Philosoph SOKRATES gesagt, dass wir Menschen falsche Werte anstreben (Macht, Tapferkeit, Reichtum, Wohlstand).
Auch der chinesische Moralphilosoph KONFUZIUS, der wie ein Gott verehrt wurde, sagt uns ganz deutlich worauf es im Leben ankommt: „Was du nicht willst, das man dir tu, das füg auch keinem andern zu"!
Unser großer Philosoph Immanuel KANT hat auch über dieses Thema nachgedacht und meint :
„Handle so, dass Dein TUN und LASSEN (dein Handeln) jederzeit zu einem Gesetz werden kann"!
(Kategorischer Imperativ frei übersetzt).

Selbst unser Dichterfürst GOETHE stellt fest: „Edel sei der Mensch, hilfreich und gut"!

In all diesen Aussagen sind Werte enthalten, die zeitlos und für alle Menschen gelten und wertvoll sind.

Wichtige Erkenntnisse und Werte brachte uns die Französische Revolution.
Mit ihren Forderungen ; .
„LIBERTE, EGALITE, FRATERNITE" (Freiheit, Gleichheit, Brüderlichkeit) erkannten sie die Werte, ohne die ein Zusammenleben aller Menschen nicht möglich ist.

Selbst BUDDHA, der an keinen Gott glaubte, ist der Meinung, dass für die Menschen „Rechtes Tun, rechtes Denken, rechtes Handeln" wichtig ist.
Die Menschen hätten die Aussagen und Erkenntnisse beachten sollen, dann wären uns viele Probleme erspart geblieben.

Was sind nun die Werte, die Grundsätze für unsere neue Wertordnung ?
Notwendig sind heute folgende Tugenden:
Rücksichtnahme, Hilfsbereitschaft, Toleranz, Nächstenliebe, Gerechtigkeit, Freiheit, Menschenrechte für alle Menschen, Mitgestaltung bei wichtigen politischen Entscheidungen. Anerkennung der Menschen, die anders denken und handeln, dafür sorgen, dass ein friedvolles Zusammenarbeiten und Zusammenleben möglich wird.
Das ist der Katalog für unser Tun und Lassen in Zukunft.

Wir müssen alles tun, um die Menschen wieder zusammenzuführen, um die Natur und Umwelt zu schützen und zu erhalten.

Man kann diese Ziele vielleicht in ein paar Regeln (nicht in Geboten und Verboten) zusammenfassen und so formulieren:

„TU das GUTE und MEIDE das BÖSE" und „DU sollst nicht TÖTEN, LÜGEN und STEHLEN"!

Das kann jeder Mensch verstehen, akzeptieren und in seinem Leben verwirklichen.

Das ist keine neue Religion, sondern es sollen Richtlinien für unser Leben, für unser Tun und Lassen sein.
Die christliche Religion hat also eine große Bedeutung für die ganze Menschheit .
Es ist interessant, einmal darüber nachzudenken, wie und warum es dazu kam.
Ohne römische Kaiser, die die Religionsfreiheit ermöglichten und das Christentum zur Staatsreligion und damit zur einzigen Religion im römischen Reich erklärten, wäre das Christentum wahrscheinlich eine Sekte geblieben.
Die Päpste konnten mitregieren, das christliche Gedankengut erreichte alle Bereiche des Lebens. Der Staat war christlich geprägt.
Die Macht der Päpste wuchs, ihr Ansehen und ihr Einfluss wurde immer größer.

Es war nicht allein die Botschaft des christlichen Gottes, das die Menschen christlich werden ließ. Sie wurden dazu gezwungen, Christen zu werden.

Die Kaiser waren selbst Christen geworden, beschützten die Religion und halfen eifrig mit, das Christentum zu festigen Die Menschen hatten lange keine Wahl, Staat und Kirche bestimmten ihr Leben. So gewöhnten sich die Menschen sich daran, christlich zu leben, so zu leben, wie die Kirche und der Papst es wollten.

Die Kinder wurden in diese Tradition schon hineingeboren, wurden christlich erzogen. Ihr Tun und Lassen war bereits festgelegt.

Die Kirche sorgte dafür, dass die Menschen bei der Stange blieben (Strafen, Inquisition, Gebote und Verbote). So entstand eine Tradition, in der man leben musste.

Die katholische und evangelisch Kirche verlieren heute immer mehr Gläubige.

Das hat seine Gründe.

Die Offenbarung der Kirche erreicht uns nicht mehr.

Die Päpste haben die Erkenntnisse der Wissenschaften und diese selbst als Feinde betrachtet, obwohl sie die Wahrheit sagten.

Wir wollen einen Schöpfungsbericht, der wahr ist .

Die religiös fundierte Wertordnung der Kirche reicht heute nicht mehr aus, um für alle Menschen gelten zu können.

Die Kirche verliert immer mehr Glaubwürdigkeit, weil sie immer häufiger zugeben muss, dass die Wissenschaftler richtig erkannt haben.

Das sind einige Gründe, warum Menschen aus ihrer Kirche austreten.

Wir Menschen des 21. Jahrhundert sind nicht mehr bereit, eine Wertordnung anzuerkennen, die nicht glaubhaft ist.

Heute ist etwas Bewegung in das bisherige Verhalten der Kirche gekommen. Die Priester predigen nicht mehr einen strengen Gott, der uns hart bestraft, wenn wir nicht das tun, was er will, sondern von einem lieben Vater im Himmel, der uns helfen will, dass wir unser Leben richtig gestalten können.
Die Päpste und Kardinäle verstehen langsam ihre eigentliche Aufgabe wieder.
Das genügt aber nicht.
Die Kirche müsste sich auch ganz von weltlichen Dingen lösen und auf weltliche Macht verzichten. Und das wird sie nicht tun.
Sie müsste erkennen, dass sie ihren Einfluss auf das Geschehen in der Welt nicht zu verlieren braucht, wenn es ihr gelingt, gläubige Menschen zu haben, die dann als Abgeordnete, als Vertreter der Kirche, die Interessen der Kirche in die Gesetzgebung einbringen können.
Man kann und darf heute nicht mehr einen rein christlichen Staat bilden. Das erlaubt unsere Gesellschaft nicht mehr.
Die Botschaft Gottes ist gut, kann uns helfen, sie muss aber richtig und sinnvoll offenbart werden.
Das ist der Kirche bis heute nicht gelungen.

In den Entwicklungsländern hat das Christentum eine Chance, wenn ihnen die Botschaft Gottes gleich richtig erklärt wird.
Die Zukunft des Christentums liegt in diesen Ländern. Bald kommen die meisten Kardinäle aus diesen Ländern und bestimmen dann die Auslegung der Botschaft.
Hoffentlich machen sie nicht die gleichen Fehler wie ihre Vorgänger in Europa.

Der derzeitige Papst wagt einen richtigen Beginn. Wir müssen abwarten, ob seine Ideen sich durchsetzen werden. Die Kirchenmänner werden sich nur sehr schwer von ihrer bisherigen Macht und von ihrem Ansehen trennen können und wollen.
Vom Schöpfer bekommt die Kirche bestimmt eine schlechte Note. Sie hat vergessen, ihn und seine Botschaft den Gläubigen verständlich zu vermitteln.
Er wäre auch sinnvoll, wenn Kirche und Staat getrennt ihre verschiedenen Aufgaben erfüllten. Die Kirche sollte ihre weltliche Macht aufgeben und nur ihre Aufgabe richtig erfüllen. Mit Strafen und Gewalt ist die Botschaft des Schöpfers den Menschen nicht zu vermitteln. Und das hat die Kirche bisher immer versucht.

Gott will ein Reich schaffen, in dem Gerechtigkeit für alle Menschen gelten soll.
Dies zu predigen ist die einzige Aufgabe der Kirche. Sie muss uns sagen, wie gläubige Menschen ihr Leben richtig gestalten und mithelfen können, dieses Reich Gottes eines Tages zu verwirklichen.

Gerechtigkeit für alle Menschen zu schaffen, ist auch das Ziel, das wir Menschen anstreben sollten und müssen.

Ich habe erkannt, dass es drei Abschnitte und Epochen gibt, die für uns und die Religion wichtig waren.
Im ersten Abschnitt unseres Lebens suchten wir jemanden, der die Welt erschaffen hat. Wir fanden ihn in Gott. Dieser Gott gab uns in seiner Botschaft Richtlinien für unser Leben. Er hat die Welt einschließlich der Menschen erschaffen.
Dieser Gott wurde Mittelpunkt für das Tun und Lassen der Menschen bis ins 16. Jahrhundert.
Die Kirche hat das so übernommen und sorgte dafür, dass die Menschen damit lebten.

Wir Menschen wurden klüger und gescheiter und die Wissenschaften entstanden, die völlig neue Erkenntnisse festgestellt und bewiesen haben.
Diese Erkenntnisse wurden veröffentlicht. Es wurde behauptet, dass das Weltbild der Kirche falsch war, dass der Schöpfungsbericht nicht stimmte.
Das wurde auch den Päpsten mitgeteilt, doch diese regierten darauf nicht und predigten weiterhin ihren Schöpfungsbericht.

Im dritten Abschnitt leben wir heute. Wir sind so klug und gescheit geworden und haben uns so im Sinne des Schöpfers entwickelt, dass wir beginnen, ihn und das was er uns in seiner Botschaft sagen will, selbst zu erkennen und zu verstehen. Wir können mit der

christlichen Offenbarung, wie sie uns die Kirche verkündet, nichts mehr anfangen. Die bisher christlich und religiös offenbarte Weltordnung reicht heute nicht mehr aus, alle Menschen zu erreichen. Es besteht die Notwendigkeit, uns eine neue Wertordnung zu schaffen, in der zeitlose Grundwerte die für alle Menschen gelten und von allen akzeptiert werden, als Richtlinien für unser Zusammenleben und das eigene Leben notwendig sind.
Wir bemühen uns gerade, eine solche Wertortung zu erstellen. Ob wir es schaffen, wissen wir noch nicht.
Unsere Erfahrung zeigt, dass wir Menschen sehr viel wissen und können, aber bei der Umsetzung und Verwirklichung unserer Erkenntnisse haben wir noch große Schwierigkeiten.

Und das hängt mit unserem FREIEN WILLEN zusammen. Den hat jeder Mensch auch geschenkt bekommen.
Mit diesem freien Willen können wir selbst entscheiden, was und wie wir etwas tun wollen. Ich kann mich für das GUTE entscheiden und auch SCHLECHTES tun. Diese Entscheidungsfreiheit kann uns niemand nehmen. Ob und wie wir sie gebrauchen, hängt allein von unserem WOLLEN ab.
Und das hat wiederum mit unserer Intelligenz zu tun.
Normalerweise bestimmen die Intelligenzträger das, was in ihrem Bereich geschehen soll und muss.
Für intelligent wird oft der gehalten, der am meisten weiß und kann. Das ist aber nicht so. Intelligent ist nur der, der sein Wissen und Können, seine Intelligenz richtig, sinnvoll und zum Nutzen aller einsetzt.

Und das haben viele Menschen noch nicht erkannt und verstanden.

Deswegen tun sie das, was andere ihnen sagen, und das ist nicht immer gut.

Es ist nicht möglich, dass alle Menschen zur gleichen Zeit gleich klug sind. Deshalb kann es keine Richtlinien geben, die für alle Menschen für die Zeit, in der sie leben gelten. Jeder Mensch muss sich mit seiner Klugheit und Gescheitheit selbst ein Bild von Gott und seiner Botschaft machen und wir könnten das auch und würden gleichzeitig das Wollen Gottes verwirklichen. Aber das machen die meisten Menschen nicht, weil sie nicht gewohnt sind, selbst zu denken. Es lebt sich viel leichter, wenn man das tut, was andere uns sagen.

Das WICHTIGSTE für unsere Zeit ist, dass jeder Mensch endlich anfängt, selbst über eine Sache nachzudenken, ehe er seine Entscheidung trifft.

Es nützt mir gar nichts, wenn mir jemand sagt: Das ist gut für Dich, und ich weiß nicht, was gut ist und bedeutet. Erst wenn ich selbst erkenne, was gut ist, kann ich mich richtig entscheiden

Wir wissen, dass unser TUN nur gut ist, wenn es allen nützt, mir selber, den Mitmenschen und der Natur.

Wir wissen, dass unser Tun böse und schlecht ist, wenn es uns und allen andern schadet.

Wenn man das weiß, dann müsste ein intelligenter Mensch eigentlich nur das GUTE tun, denn erst dann zeigt er seine Intelligenz und gebraucht sie richtig und sinnvoll.

Es liegt also nicht an unserem Wissen und Können, ob wir uns richtig entscheiden, sondern allein an unserem Willen und Wollen.

Wir setzen unsere Intelligenz immer noch dazu ein, all das zu zerstören, was wir dringend für unser Dasein benötigen. Wir gebrauchen unsere Intelligenz noch falsch. Das zu ändern ist eine wichtige Aufgabe für die Zukunft.

Da wir Menschen zur Zeit auf der Erde die Träger der Intelligenz sind, bestimmen wir, nicht Gott ,was auf der Erde geschieht. Und wenn wir unsere Erde und ihr Umfeld zerstören, ist das nicht die Schuld unseres Schöpfers, sondern allein unsere.
Ein intelligenter Mensch erkennt selbst, was getan werden muss, erkennt selbst die Probleme seiner Zeit.
Er muss aber auch für sein Tun und Lassen die volle Verantwortung übernehmen. Und davor drücken wir uns. Es ist leichter als Untertan und Befehlsempfänger zu leben und zu handeln, denn wenn etwas schief geht, kann man sagen: der hat mir gesagt, ich soll das tun.

Wir Menschen bestimmen also, was auf der Erde geschieht und geschehen soll. Auf unser Tun uns Lassen kommt es an.
Soweit, so gut.

Unser Tun und Lassen wird aber festgelegt und bestimmt von zwei unterschiedlichen Schöpfungsberichten.
Die Kirche sagt: Gott ist der Schöpfer der Welt.

Die Wissenschaft behauptet: Die Kräfte der Natur und de Evolution brachten alles hervor. Wir Menschen sind also einmal das Produkt Gottes und einmal das der Natur.

Daraus entstand der sinnlose Krieg zwischen der Kirche und den Wissenschaften. Die Schuld für diesen unsinnigen Kampf trägt allein die Kirche.

Es gibt also heute Menschen, die ihr Leben nach dem Schöpfungsbericht der Kirche leben, es gibt Menschen, die an den der Wissenschaft glauben und es gibt Menschen, die ohne Gott und den Erkenntnissen der Wissenschaft leben und auch gute Menschen werden können.

Für religiöse Menschen gilt:

Gott ist der Schöpfer der Welt. Den Menschen hat er Fähigkeiten und Begabungen geschenkt, mit denen er klug, gescheit und intelligent werden konnte. Diese besonderen Begabungen nennt die Religion den geistigen Teil des Menschen. Gott hat uns nach seinem Bild und Gleichnis erschaffen und die Krone seiner Schöpfung genannt.

Das bedeutet: Wir Menschen sind zur Zeit das Beste, was er bisher erschaffen hat.

Die Wissenschaft bewies, dass die Kräfte der Natur und der Evolution uns langsam auch mit Fähigkeiten und Begabungen werden ließ. Wir sind also für beide das BESTE, was sie bis heute geschaffen haben.

Hier sind sich beide einig.

Es hätte also zu diesen Kampf erst gar nicht kommen müssen, wenn die Päpste richtig erkannt und gehandelt und reagiert hätten.
Die Kirche sagt doch: Gott hat alless , die ganze Welt erschaffen.

Für mich gibt es keine Trennung, denn beide gehören zusammen und von einem Schöpfer mit und durch seine Kräfte und Weisheit und Stärke als EINHEIT Wirklichkeit geworden. Es spielt heute für viele Menschen keine Rolle, wie wir zu intelligenten Lebewesen geworden sind. Wir sind es, und entsprechend sollten wir uns auch benehmen und verhalten.

Unser Schöpfer will keine Untertanen und Befehlsempfänger. Er hat uns zu selbständig denkenden und handelnden Menschen erschaffen.
Es wird also höchste Zeit, dass wir unser Leben selbst gestalten und Entscheidungen treffen, die uns nützen und nicht schaden. Erst wenn uns das gelingt, kann es besser werden, und wir dürfen uns intelligent nennen. Erst dann sind wir die Krone der Schöpfung Wir haben also in Zukunft viele Probleme zu bewältigen.
Es gibt noch viele Dinge, die mir Sorge bereiten.
Da ist zum Beispiel die „KÜNSTLICHE INTELLIGENZ", die Wissenschaftler unbedingt haben wollen und mit großem Erfolg schaffen. Wir füttern ROBOTER mit unserem Wissen und Können, machen sie klug und schlau. Sie arbeiten genauer und schneller und ohne Pause. Noch tun sie das, was wir von ihnen verlangen. Die Frage ist nur, wie lange noch?

Wir wissen nicht, wann sie selbst anfangen zu denken und dann das Kommando auf der Erde übernehmen.

Mit den Robotern wächst die Gefahr, dass wir Menschen nicht mehr gebraucht werden und dass wir die Kontrolle über sie verlieren.

Hier stellt sich die Frage: Sollen und dürfen wir alles machen, was wir könnten?

Vielleicht sind die Roboter unsere Nachfolger als Intelligenzträger auf der Erde. Sie brauchen Vieles nicht, was wir zum Leben benötigen. Sie haben keinen Hunger und keinen Durst, kommen mit weniger Platz aus. Damit wären viele Probleme gelöst, die uns heute Sorgen bereiten.

Ich kann auch nicht verstehen, dass intelligente Menschen immer noch Politiker wählen, die nicht die Interessen der Bürger vertreten.

Was mir gar nicht gefällt ist der Umgangston der Menschen untereinander. Viele Menschen glauben, mit Lautstärke Probleme lösen zu können.

Unsere Erde wird für alle Menschen zu klein. Die Bevölkerung wächst zur Zeit jährlich um 85 Millionen an. In den Entwicklungsländern bekommt jede Frau im Durchschnitt 6 Kinder. Warum wehrt sich die Kirche, diesen Frauen ein Verhütungsmittel zu geben?

Es ist doch besser, ein Kind wird erst gar nicht geboren, als wenn es im ersten Jahr an Hunger stirbt. Es ist doch besser, wir versuchen auf menschliche Art das Wachstum der Erdbevölkerung zu ordnen und zu regeln als in Kriegen, in denen Millionen Menschen einen gewaltsamen Tod finden.

Zur Zeit sind 65 Millionen Menschen auf der Flucht und werden gezwungen, sich eine neue Bleibe zu suchen. Denen muss geholfen werden

Wenn es uns nicht gelingt, gemeinsam diese Probleme zu lösen, sind gewaltsame Auseinandersetzungen und Kriege unvermeidbar. Und wir sollten wissen, was ein dritter Weltkrieg bedeutet.

Im Fernsehen werden zu viele Sendungen gezeigt, in denen mit der Pistole und mit Gewalt und Brutalität Probleme gelöst werden. Dadurch werden viele Jugendliche angeregt, gleiches zu tun. Die Jugendkriminalität wird immer brutaler und nimmt in allen Ländern zu.

Eine kleine Hoffnung liegt in der Tatsache, dass wir in der Lage sind, durch Nachdenken und mit unserem Verstand und Können, Einfluss auf das Geschehen nehmen zu können. Wir können manches Probleme rechtzeitig erkennen und Vorsorge treffen, Auswege suchen und vorbeugen.

Wir können Baupläne von Tieren und Menschen verändern, Organe verpflanzen, die Lebenszeit verlängern, künstliche Nahrung erzeugen und vieles mehr. Wir greifen in die Gesetzmäßigkeit der EVOLUTION ein, wollen alles schneller und besser machen als sie. Wenn es aber darum geht, dass die Technik uns Arbeitsplätze wegnimmt, dass uns der Fortschritt und der Wohlstand krank machen, dann müssen wir rechtzeitig und ohne Wenn und Aber laut sagen : HALT, bis hierher und nicht weiter. Auch wenn es uns schwerfällt.

Die Entscheidung, ob wir Gutes tun wollen oder Schlechtes, treffen wir allein, nicht unser Schöpfer.

Damit möchte ich meine Informationen beenden. Ich hoffe, dass die Leserinnen und Leser über Vieles nun nachdenken werden und ihre Intelligenz so einsetzen und gebrauchen, dass wir Menschen auf unserer Erde noch lange leben können.

Das ist aber nur möglich, wenn wir Menschen anfangen, selbst zu denken und mitzuhelfen, dass wir die Probleme unserer Zeit rechtzeitig erkennen und versuchen, sie gemeinsam zu lösen.

Dazu ist ein großer Lernprozess notwendig.

Wir müssen lernen, im anderen Menschen unsere Grenzen zu erkennen. Er hat die gleichen Rechte, die wir Menschenrechte nennen, wie ich.

Wir müssen lernen, dass alle Menschen zusammengehören und die Pflicht haben, dafür zu sorgen, dass alle Menschen in einem angemessenen Wohlstand leben können.

Wir müssen lernen, dass jeder Mensch religiös oder ohne Gott leben darf und kann, dass Andersdenkende und Andersgläubige unsere Schwestern und Brüder sind.

Wir müssen bereit sein, von unserem Wohlstand und unserem Fortschritt all denen etwas abzugeben, die unverschuldet ein menschenunwürdiges Leben führen müssen.

Wir müssen begreifen, dass der Unterschied zwischen reichen Ländern und armen Völkern ausgeglichen werden muss.

Wir alle sind die gleichen Lebewesen, die für eine bestimmte Zeit auf der Erde miteinander leben müssen.

Das sollte doch für alle Menschen Anlass und Ansporn sein, dafür zu sorgen, dass alle Menschen friedlich zusammenleben und miteinander ihre Probleme lösen können.

Wir Menschen sind als BESONDERES LEBEWESEN so geworden, dass wir mit unserer Intelligenz in der Lage dazu sind. Und das auch verwirklichen können.

Wann fangen wir endlich damit an ?

Arnstein, im Juli 2018
Max Denzinger

Für das Buch wurde folgende Literatur benutzt:

- Die große Bibel in Farbe (Prof. Dr. Günter Sternberger, 7 Bände; Zweiburgen Verlag)
- Gott und die Welt (Joseph Ratzinger; Knaur Taschenbuch Verlag)
- Salz der Erde (Joseph Ratzinger; Wilhelm Heyne Verlag München)
- Jesus von Nazareth (Joseph Ratzinger; Verlag Herder)
- Verschlusssache Jesus (Michael Baigent, Richard Leigh; Verlag Droemer Knaur)
- Nachrichten aus einem unbekannten Universum (Frank Schätzing; Verlag Kiepenheuer & Witsch)
- Die großen Denker (Harald Lesch, Wilhelm Vossenkuhl; Verlag Wilhelm Heyne München)
- Geschichte der Philosophie (Kurt Schilling; Universitätsverlag Carl Winter Heidelberg)
- Die fünf Weltreligionen (Helmuth von Glasenapp; Eugen Diederichs Verlag)

weitere Erkenntnisse erwarb ich durch religiöse und wissenschaftliche Sendungen